JN093893

SDGs management
to achieve competitive advantage

競争優位を実現する
SDGs経営

Hidemitsu Sasaya

笹谷秀光

著

中央経済社

はじめに：サステナビリティ時代の羅針盤——SDGs

　現在の企業経営を取り巻く外部環境は，先行きが不透明で将来の予測が困難である「VUCA（ヴーカ）の時代」に入っている。V（Volatility：変動性），U（Uncertainty：不確実性），C（Complexity：複雑性），A（Ambiguity：曖昧性）だ。

　ウィズ・コロナ，脱炭素の本格化に世界が向かう中で，2022年2月に始まったロシアによるウクライナ侵攻がいまだに終わらない。このように世界の人々の健康，地球環境，安全保障ルールを激変させる出来事が次々と起こっている。2023年4月に発表された「世界人口白書2023」（国連人口基金）によれば，世界の人口は80億人を超えた。先進国では人口減少，開発途上国では人口増加という2極化も指摘されている。

　筆者は，農林水産省・環境省・外務省での31年間の行政，株式会社伊藤園取締役としてのビジネス，そして現在の千葉商科大学教授・サステナビリティ研究所長という，「産官学」の経験をしてきた。その経験から，これほどのVUCAの時代はなかったうえ，強烈な速度で変化する時代に入ったと実感する。

　これを乗り越えていくうえで最重要の価値観が，「サステナビリティ（持続可能性）」であり，企業経営にとっても必須だ。

　投資家を中心に，ESG，すなわち，環境（Environment），社会（Social），企業統治（Governance）への配慮要請が強まっている。また，国連での2015年の合意文書「我々の世界を変革する：持続可能な開発のための2030アジェンダ」に盛り込まれた「持続可能な開発目標」（Sustainable Development Goals：SDGs）は企業に対しても的確な対応を求めている。ESGと関連させてSDGsへの対応を求める投資家も増加している。

　企業としては，社会課題の解決に当たり，経済価値の実現もねらう競争戦略が必要である。筆者は，サステナビリティと企業経営の両立を論じる基盤として米国のポーターとクラマーが2011年に提唱した「共通価値の創造」（Creating Shared Value：CSV）の理論が改めて有効であると考える。ただ，CSVは社

会課題解決型の競争戦略として有用である一方，社会課題が不明確である，価値創造のメソッドが不十分である，発信面で企業の都合が前面に出ているといった弱点が指摘されてきた。

　そこで，CSV の理論に SDGs を援用すれば，社会課題が明確化しメソッド面・発信面でも補強され，CSV の弱点を克服できる可能性がある。本書では，SDGs の活用により弱点を補強した CSV（「進化型 CSV」と呼ぶ）を理論化する。これが本書の第一のねらいである。

　SDGs では事業を通じて社会課題に取り組む企業の役割も重視され，SDGs を活用すれば「企業価値の向上」と「社員モチベーションの向上」という 2 大効果を享受し得るとされている。本書では，この効果をねらう企業経営を「SDGs 経営」と呼ぶ。

　SDGs 経営の推進に当たり，ESG 投資にも対処し，SDGs への関係者からの要請にも応える必要がある。しかし，企業が ESG と SDGs の関係をどう整理するかについては規律もなく混乱が見られ企業現場では苦慮している。筆者はこれに対処するため，実務経験を通じ，ESG 項目と SDGs の各目標との関連性を一覧できる「ESG/SDGs マトリックス」を開発した。これは，ESG 項目がどの SDGs に貢献するかを社内外に効果的に示すための，「SDGs 経営支援ツール」になる。これが本書の第二のねらいである。

　以上の進化型 CSV とマトリックスの 2 つについて，事例分析で有効性を検証する。マトリックスは筆者の監修により幅広い業界でつくられ，経営層と直接意見交換してその効果が実感されている。本書では事例から読者が参考にし得る普遍的なヒントを抽出していきたい。

　本書は，企業，学生，研究者はもちろん，政策立案者，自治体，その他の組織の関係者にとって，「企業の競争戦略と SDGs」の基本書となることを目指した。ぜひ本書を手に取っていただき，SDGs 先進国を担ってほしい。

2023年 8 月

千葉商科大学教授・サステナビリティ研究所長

博士（政策研究）　笹谷秀光

目　　次

第3章　サステナビリティと競争戦略：「進化型 CSV」
──理論編 I　43

第 6 章　激動の世界と羅針盤としての SDGs　165

第1章

サステナビリティ時代の到来

本章では，本書のねらいと基本事項を述べる。

サステナビリティへの配慮は企業経営上の必須事項になっている。投資家を中心に，ESGへの要請が強まる中で，2015年はESGすべての面で重要な節目の年であった。Eではパリ協定，EとSとGではSDGs，Gでは日本でのコーポレートガバナンス・コードができた年である。

このような中で，サステナビリティと企業経営の両立を論じるうえで，ポーターらが提唱したCSVは基本となる有益な理論である。しかしCSVについては弱点も指摘されている。そこで，本書では，従来型CSVの弱点が補強されたCSV（進化型CSV）を提供し，読者に役に立つCSVを示す。

また，ESG投資にも的確に対応するため，ESGとSDGsの関係性について鳥瞰できる手法「ESG/SDGsマトリックス」を紹介する。

---

1 ｜ 2015年がサステナビリティ時代の節目

サステナビリティへの配慮は企業経営上の必須事項になっている。投資家を中心に，ESG，すなわち，環境（Environment），社会（Social），企業統治（Governance）への配慮要請が強まる中で，2015年はESGすべての面で重要な節目の年であったと考えられる。

Eではパリ協定の合意，EとSとGでは国連での「我々の世界を変革する：持続可能な開発のための2030アジェンダ」（以下「2030アジェンダ」）に盛り込まれた「持続可能な開発目標」（Sustainable Development Goals：SDGs）の策定，Gでは日本でのコーポレートガバナンス・コードの策定があった。

まずパリ協定は，2015年12月，フランスのパリで開催された第21回国連気候

変動枠組条約締約国会議（COP21）で，2020年以降の温室効果ガス排出削減等のための新たな国際枠組みとして採択され，その後の2021年のグラスゴー気候合意につながった。

次のSDGsは，EとSとG全ての側面を盛り込み，SDGsは企業に対しても本業を通じた的確な対応を求めている。この中で，ESGと関連させてSDGsへの対応を求める投資家も増加している。また，SDGsへの対応を本格化した企業が多く現れている。

3つ目のGでは，日本でのコーポレートガバナンス・コードが2015年に金融庁と東京証券取引所により公表された。上場企業が行う企業統治（コーポレートガバナンス）においてガイドラインとして参照すべき原則・指針である。その後数回改訂が行われ，今では上場企業にとって重要な指針となった。

2 | 持続可能な開発目標（SDGs）とESG

2030アジェンダに盛り込まれたSDGsは，持続可能な世界を実現するための17の目標と169のターゲットという広範な施策から構成されている。これは社会・環境課題に対処し持続可能な社会づくりを目指す2030年に向けた目標である。

一方，ESGと関連させてSDGsへの対応を求める投資家も増加している。日本では投資サイドがけん引し，特に日本でのESG投資をけん引する年金積立金管理運用独立行政法人（Government Pension Investment Fund：GPIF，厚生労働省所管の独立行政法人として2006年設立。以下「GPIF」）がESGと表裏の関係でSDGsを取り上げ，ESGの各項目の評価に当たりSDGsを参照する考えを示している。

このように，ESG投資とSDGsへの貢献への要請が関連付けられているが，相互がどのような関係にあるのかについて判断する指針がない。ESGとSDGsの関連性の理解と開示方法は現下の重要課題となっている。

そこで，本書では，企業がSDGsを活用することで，ESG投資にも的確に対応して企業価値の向上を図り，あわせて社員モチベーション向上効果を享受できる経営を目指し，その方法を探る。特に，ESGとSDGsとの関係性につ

いて効果的に社内外に発信する方法を探求する。

　サステナビリティの共通言語といえる SDGs については，SDGs の企業への導入指針として，SDGs の理解，優先課題の決定，目標設定，経営へ統合，報告とコミュニケーションなどのステップを示した，「SDG コンパス」[1]（SDG Compass，以下「SDG コンパス」）がある。SDG コンパスは，SDGs の活用は企業価値の向上と社員モチベーション向上効果に役立つとしているので，これも参考にする。

3 | 見直すべき共通価値の創造（CSV）

　サステナビリティと企業経営の両立を目指す場合に重要な示唆を与えるのが，CSV（共通価値の創造：Creating Shared Value）という考えである。これは，米国のハーバードビジネススクールのマイケル・ポーターとマーク・クラマーが2011年に提唱した理論である。CSV については，もともと世界企業のネスレ社に示唆を得ており，日本企業でも2011年以降この考えを採用している事例が多い。

　これは社会課題を解決しつつ経済価値の実現もねらう企業戦略である。CSV は社会課題解決型の競争戦略として有用であるという評価がある一方，社会課題に対する洞察が不十分で明確ではない，メソッド面・発信面などで課題があるなどの弱点が指摘されている。しかし，SDGs を活用すれば，社会課題が明確化し，メソッド面・発信面でも CSV の弱点を克服できる可能性がある。

　そこで本書では，SDGs を活用して CSV をバージョンアップする方法を探る。つまり「SDGs 活用により，社会課題の明確化とメソッド面・発信面での強化を図ることにより従来型 CSV の弱点を補強する CSV」を提案し，これを「進化型 CSV」と呼ぶことにする。

　この進化型 CSV に基づき事業を通じて社会課題に取り組み，企業価値の向上と社員モチベーションの向上という SDGs の効果を享受できるような企業経営を「SDGs 経営」と呼び，企業において SDGs 経営を推進するための手法を示す。このため，「進化型 CSV」にするための社会課題の明確化，重点課題の抽出，進度管理，発信といった経営の各プロセスに即した SDGs 活用の条件を

示していく。そのうえで，事例分析により効果を検証する。

4 | SDGs 経営のための支援ツール

次に，SDGs 経営を推進し，ESG 投資にも的確に対応するためには，SDGs と ESG の関係性について企業活動全体を鳥瞰できる手法開発が必要である。しかし，SDGs と ESG の関係性を整理する方法がないため，ESG 投資家の開示要求や幅広いステークホルダーに対する SDGs への貢献を効果的に示せていない現状にある。これは筆者が株式会社伊藤園（以下「伊藤園」）で経営企画や CSR（企業の社会的責任：Corporate Social Responsibility）の責任役員に就任していた時の実務経験やその後のサステナビリティに関するコンサルタントとしての経験から実感したことである。

その解決方法として，筆者が2017年に実際に伊藤園で活用するとともに，論文や著書などで筆者の考えを示してきた「ESG/SDGs マトリックス」がある。ESG の各項目と SDGs の各目標との関連性をマトリックスの形で整理したものである。

本書では，この「ESG/SDGs マトリックス」を理論的に高めて SDGs 経営に有効な支援ツールとして確立していく。

「SDGs 経営」の効果は，「企業価値の向上」と「社員モチベーションの向上」である。SDGs 活用によりこの効果を享受できるようにするための要素を理論的に整理する。そのうえで，効果測定のための「分析枠組み」をつくり，日本企業の事例に当てはめて SDGs 経営の効果検証のための事例分析を行う。

5 | 本書の構成

本書の第 2 章以下の構成は次のとおりである。

第 2 章「企業経営に必須のサステナビリティ」では，CSR について大きな転機となった ISO26000に加え，CSV，SDGs，ESG といったサステナビリティに関わる最近の動向が分かる。そのうえで，CSV の経営上の有用性と弱点についてレビューする。この章で，サステナビリティに関する体系的理解ができ

る。

　第3章「サステナビリティと競争戦略：「進化型 CSV」――理論編Ⅰ」では，SDGs と CSV の関係と SDGs の導入効果を確認する。そして，CSV の弱点を補強するために SDGs の活用が有効であることを示すので，進化型 CSV の基本が理解できる。

　第4章「SDGs 経営の支援ツール「ESG/SDGs マトリックス」――理論編Ⅱ」では，「ESG/SDGs マトリックス」を SDGs 経営の支援ツールとして示す。

　第5章「「進化型 CSV に基づく SDGs 経営」の効果――事例編」では，進化型 CSV に基づく SDGs 経営と「ESG/SDGs マトリックス」の効果について事例分析を行い，事例から自社の実践に向けたヒントを探る。

　第6章「激動の世界と羅針盤としての SDGs」では，カーボンニュートラル，ロシアによるウクライナ侵攻とサプライチェーン，人的資本など最新課題を SDGs と関連付けて考える。これにより SDGs の応用を図る。

　第7章「SDGs 経営の支援ツールの展望」では，本書の結論と今後の展望を述べる。

【注】

1　これは，GRI（Global Reporting Initiative），国連グローバル・コンパクト及び WBCSD（持続可能な開発のための世界経済人会議）が2030アジェンダを採択した国連総会のサイドイベント「United Nations Private Sector Forum 2015」で発表した発行物である。日本語版はグローバル・コンパクト・ネットワーク・ジャパン（GCNJ）と地球環境戦略研究機関（IGES）が共同で翻訳し発行（2016年3月公表）した。

企業経営に必須のサステナビリティ

本章では，CSR，CSV，SDGs，ESG といったサステナビリティに関する基本的事項を確認できる。これらは，いずれも財務情報と対比されるいわゆる「非財務情報」に関する規律や考え方を提供するもので，本書の理解の基礎となる。

国際標準の ISO26000 は CSR の定義や社会的責任の内容について，その後の SDGs や SDG コンパスにも大きな影響を与えた。特に，それまでの「フィランソロピーの CSR」から「本業 CSR」に切り替えるきっかけとなったので，すべての企業に参考になる。

次に，SDGs の概要，17目標と169のターゲットの基本を確認し，世界と日本での動きを紹介する。

そして，ESG 投資と SDGs の関連性について触れるので，今なぜ SDGs を経営に使うのかについて基本的考え方が理解できる。ESG は，主として投資家が投資における E，S，G の各要素で投資判断をするための用語である。その判断にあたり，企業の SDGs を 1 つの指標として使うようになり，ESG と SDGs とは「表裏の関係」になったことを理解する。

1 サステナビリティと企業の基本

(1) 企業の社会的責任（CSR）とサステナビリティ

企業と社会的責任の関係については，国際的にルール化が進んできた。歴史的な分析は別稿に譲るが，ここでは，サステナビリティの基礎となる「持続可能な開発」（Sustainable Development）の概念を打ち出した1987年の「Our Common Future」（「我ら共有の未来」，通称「ブルントラント報告」）に触れておく。

これを提示したのは，日本の提案によって設けられた国連の「環境と開発に関する世界委員会」（World Commission on Environment and Development：WCED）である。委員長のグロ・ハーレム・ブルントラント・ノルウェー首相（当時）の名前から「ブルントラント委員会」と通称される。

　「Our Common Future」は，同委員会が1987年に発行した最終報告書であり，中心的な理念として「持続可能な開発」を打ち出し今でも広く引用されている。ブルントラント報告では，この理念は「将来の世代のニーズを満たす能力を損なうことなく，今日の世代のニーズを満たすような開発」と定義している。この報告書以降の，非財務情報に関する世界及び日本の主な流れを整理しておく（**図表2-1**）。

　その後，1997年に，企業とサステナビリティについて提起された，「トリプルボトムライン」といわれる考え方が重要である。これは，企業を財務のみで評価するのではなく，経済・社会・環境という3つの側面から評価する考え方である。

　「ボトムライン」とは，決算書で，収益・損失の最終結果を記載する「最終行」のことで，結果の評価という意味である。この最終行には経済的結果だけでなく，社会・環境の側面の結果も記載すべきであると，1997年に英国のサステナビリティ社のジョン・エルキントン氏が提唱した。この考え方はその後のCSR などに影響を与えた。

(2) 国際規格「社会的責任の手引き」ISO26000が示した 「本業 CSR」[1]

　21世紀に入り，グローバルな企業活動の活発化などを背景にCSR について国際的な統一基準が求められるようになった。ISO（国際標準化機構）でのCSR の国際標準化の検討作業が開始されたのは2001年で，消費者問題を取り扱う ISO/COPOLCO（消費者政策委員会）で検討が開始。2005年3月からは，CSR から「組織の社会的責任」（SR）に切り替えて第1回作業部会総会を皮切りに検討を重ねた。そして2010年に国際合意を見た国際規格 ISO26000（社会的責任の手引き：Guidance on social responsibility）ができた。日本ではほぼ同内容で日本語化された日本産業規格「JIS Z 26000」（社会的責任に関する手

図表 2 - 1　非財務情報に関する内外の主な流れ

年代	内容
1987年	報告書「Our Common Future（邦題：我ら共有の未来）」
1997年	トリプルボトムライン提唱
2003年	日本での CSR 元年といわれる
2006年	PRI（責任投資原則）発足
2010年	11月　ISO26000（社会的責任に関する手引）発行
2011年	1月　CSV（共通価値の創造）の提唱
2013年	12月　IIRC「国際統合フレームワーク」発表
2014年	2月　金融庁「日本版スチュワードシップ・コード」制定 8月　経済産業省「伊藤レポート1.0」発表
2015年	6月　コーポレートガバナンス・コードの適用開始 9月　GPIF（年金積立金管理運用独立行政法人）PRI に署名 9月　「2030アジェンダ」SDGs 採択 12月　パリ協定採択
2016年	10月　GRI スタンダード発表
2017年	5月　金融庁「スチュワードシップ・コード改訂」 5月　経済産業省「価値協創ガイダンス」発表 7月　GPIF が ESG 指数を選定 10月　経済産業省「伊藤レポート2.0」発表 11月　経団連「企業行動憲章」改定 12月　SDGs 推進本部「第 1 回ジャパン SDGs アワード」「SDGs アクションプラン2018」発表（以後毎年発表）
2019年	5月　経済産業省「SDGs 経営ガイド」発表
2020年	9月　経産省「人材版伊藤レポート」公表
2021年	11月　グラスゴー気候合意 11月　ISSB（国際サステナビリティ基準審議会）が設立
2022年	9月　日本政府「責任あるサプライチェーン等における人権尊重のためのガイドライン」を策定 5月　経産省「人材版伊藤レポート2.0」公表
2023年	3月　SDGs 推進本部「SDGs アクションプラン2023」発表

（出所）　筆者作成

引：2012年 3 月制定）がある。本書では国際規格 ISO26000の日本語訳（以下「ISO26000」）を使う。

　「マルチステークホルダー・プロセス」で検討し，世界99か国と42機関の参加を得て合意され2010年に ISO26000として発行された。ちなみに，国際規格

ISO26000は各国で国内法化されて効力が出るので「発行」という。多くの国で国内での手続きが進んだ。日本では日本産業規格（JIS規格）になり政府内の議論の基準である。もちろん企業の場合はCSRの手引きとなる。

　重要なことは，CSRをそれまでのフィランソロピー的な活動ではなく，本業を軸として遂行することが基本であると打ち出したことだ。

　ISO26000は，CSRの定義（正確には，CSRも含むSR・組織の社会的責任の定義）を示した。定義は，「組織全体に統合されその組織の関係の中で実践される」責任として，「本業」で社会的責任を遂行すると定めた。

　ISO26000発行前には，CSRの定義は論者により異なり，まず各自の定義から議論する状況にあった。このような中で，ISO26000で社会的責任の「定義」について国際合意が得られたことは意義が大きい。

　このため，本書では，以下でCSRの定義はこれによる。また，ISO26000の定義に従って本業を主軸に遂行するCSRを「本業CSR」と呼ぶことにする。

　まずISO26000は，「社会的責任」についての基本認識として，次の3点を示す。

〈ISO26000における「社会的責任」の基本認識〉
- 「組織は，社会的に責任ある行動をとる必要がある」
- 「責任ある行動をとることが組織にとっての利益につながる」
- 「組織の社会的責任の目的は，持続可能な発展に貢献することである」

　消極的に社会的責任を果たすのではなく，責任を果たすことによって利益につながるとしている点と「持続可能な発展」に貢献する点が重要である。そのうえで社会的責任については，次のとおり定義した。

〈ISO26000における「社会的責任」の定義〉
　社会的責任（social responsibility）とは，組織の決定及び活動が社会及び環境に及ぼす影響に対して，次のような透明かつ倫理的な行動を通じて組織が担う責任である。
① 健康及び社会の福祉を含む持続可能な発展に貢献する。
② ステークホルダーの期待に配慮する。
③ 関連法令を順守し，国際行動規範と整合している。
④ その組織全体に統合され，その組織の関係の中で実践される。

　上記の④が重要なポイントであり，２つのことを言っている。
　　ⅰ　組織の決定及び活動が組織全体に統合されていること
　　ⅱ　その組織の関係の中で実践されること
　ⅰの「統合される」（integrated）とは，「組み込まれる」という意味である。「企業の決定及び活動が企業全体に統合される」ということは，トップから現場の部署まで，経営戦略，事業計画策定，関係者への説明，活動の実施といった，企業活動の各段階の中で，全社的に組み込まれて行われるということである。
　上述のⅱの「組織の関係の中で実践される」（practiced in its relations）とは，企業の上流から下流までの原料調達・製造・販売・消費というバリューチェーンで実践されるという意味である。ISO26000では，企業本体だけではなく，影響力のある「バリューチェーン」でもCSRを実施すべきであるとし，企業の優良な活動がバリューチェーンの関係者にも波及していき，優良事例の水平展開が図られることを期待する。
　以上のⅰとⅱを組み合わせて上記④を理解すると，企業は，「本業を通じて，企業のバリューチェーンにおいて社会的責任を果たす」という意味である。この考え方はSDGsでのバリューチェーン重視に受け継がれている。
　本業との関連は，①ヒト，モノ，カネ，情報という経営資源を使って，②組織として戦略性を持って，③継続的に実行することである。本業としては，「本業そのもので実行する」「本業と関連付けて行う」「本業のスキルやアセットを使う」の３つに分類できる。例えば，以下のようなものが考えられる。

- 飲料メーカーが茶殻をリサイクルするのは本業そのもので実行する。
- 木材の間伐活動に参画する場合，飲料事業のマーケティングやキャンペーンの一環として実施するのは，本業と関連付けて行う。
- 本業のスキルやアセットを使う例は，飲料メーカーが社内資格制度の資格者を使って「お茶の入れ方セミナー」を行うことや工場を一般開放する「工場祭」などが考えられる。

　一方，マーケティングなどと関係なく単発的に間伐活動に参加する場合は，本業との関連性が薄くなる。また，「継続的に」という点も重要であり，単発的な活動よりも継続性をもった活動の方が社会的責任の定義に合致する。

ISO26000が本業を軸にした理由は3点あると考えられる。

第1に，収益があったときにのみフィランソロピーを行うと継続性のある活動が期待できないこと。

第2に，慈善活動をしつつ工場などの本業関連で環境への悪影響を与える企業は許されないこと（「グリーン・ウォッシュ」ともいわれる）。

第3に，企業が本業でCSRを実践すればイノベーションと創造性につながることである。

また，後述するポーターらから提起されたフィランソロピーをめぐる論点に関連して，CSRの歴史で草創期からあるフィランソロピー（日本語版では「慈善活動」と訳した）をISO26000では，社会に好影響を与えるが本業CSRに代わるものとして利用すべきではないと規定している。企業が寄付活動などを行うことをもって，本業の中での義務を果たさないのは許されないとの意思が現れている。

なお，ISO26000では，日本語でよく使われる「社会貢献」（直訳すれば「social contribution」）という言葉は出てこない。これに類似した意味で「慈善活動」という表現を使っている。

(3) ISO26000の内容と経営へのCSR導入プロセス

ISO26000は，企業が自主的に使う「手引き」であり，ISO14000（環境関連）やISO9000（品質関連）シリーズのような第三者が認証するものではない。規格の適用対象は，組織の大小を問わず，先進国，途上国のいずれで活動するかを問わない。民間，公的及び非営利のあらゆる種類の組織に適用できる。

ISO26000では，基本的な原則として，説明責任，透明性，倫理的な行動，ステークホルダーの利害の尊重，法の支配の尊重，国際行動規範の尊重，人権の尊重という7つを定めた。特にその後に影響を与えた，「ステークホルダー・エンゲージメント」（要すれば，関係者との連携・協働）の重要性を示した。

そのうえで，組織が取り組む具体的課題として7つの「中核主題」（core subjects）を示した。「組織統治」「人権」「労働慣行」「環境」「公正な事業慣行」「消費者課題」「コミュニティへの参画及びコミュニティの発展」（以下，「コミュニティ課題」）である（**図表2-2**）。

図表 2 - 2　ISO26000のポイント

■ISO26000：「本業CSR」とCSRの網羅的なガイダンス　　　　７つの中核主題

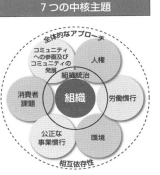

- 2010年11月に国際標準化機構
  （ISO：International Organization for Standardization）によって発行。
- 企業も含め組織全般の「社会的責任に関する手引」，企業ではCSRのガイダンス
- 「手引（指針）」であり認証ではない
- SR（Social Responsibility）の内容
  ① ７つの原則
  ② ７つの中核主題（右図）
  ③「本業を通じたSR」を提示
  ④ 関係者の連携・協働（「ステークホルダー・エンゲージメント」）の重視
  ⑤ 重要事項の選定・経営への統合・レポーティングなど進め方も提示
  　（４つのステップ）

- GRI，OECD，UNGC，ILOとも覚書を結び整合性を考慮（ラギー・フレームワークなど）
- ユネスコなどの機関の考えとも整合（文化遺産でのコミュニティ重視など）
- 国内規格化（JIS Z 26000），政府での議論の基準
- 国内及び世界で活用（日本では上場企業には広く定着）

（特徴）ソフトローであるが世界合意があり，網羅性も高く，CSRを進めるうえで汎用性が高い―――▶国際合意の取れている数少ない文書。CSRのガイダンスとして重要な規格と理解

（出所）　筆者作成，７つの中核主題の図は JIS Z 26000（2012），以下同じ

　　そして，７つの主題ごとに４〜８の推奨課題が掲示され，合計36課題ある（詳細は第４章で説明する。同章内**図表４-４**に一覧としてまとめているので，参照いただきたい）。７つの中核主題は，全体的にアプローチすべきであり，相互依存性がある。

　　特にコミュニティ課題は，他の中核主題に関連する。この課題についてISO26000制定までは合意された国際文書はなく，付加価値の高い部分である。これはSDGs目標11「持続可能な都市」にも影響を与えたと考えられる。また，CSVの第３の方法であるクラスター形成を考察するうえで参考になる。

　　次にISO26000は企業への社会的責任の導入手順として次の４ステップを示した。

〈ISO26000が示す社会的責任の導入手順〉
ステップ１：
まず，人権侵害などの思いがけないマイナス影響のリスクを回避するために事前チェック（デュー・ディリジェンス）を行い，そのうえで関係する中核主題及び課題を洗い出す。

> ステップ２：
> 中核主題及び課題の選定と優先順位の決定を行い，中核主題及び課題の関連性と
> 重要性（英語では「significance」。これは，後述する経営上の重要事項（マテ
> リアリティ）に近い）を判断する。グループ企業を含めたバリューチェーン全体
> について必要な事項を加える。そして７つの中核主題ごとの取り組み項目及び優
> 先順位を決定する。
> ステップ３：
> CSR目標の設定とPDCAサイクルの実行。
> ステップ４：
> 社内体制の整備，方針の決定。

　これを見ると，後述するSDGコンパスでの企業へのSDGs導入の手順とほ
ぼ同様でありISO26000がSDGコンパスにも影響を与えたことがわかる。また，
ISO26000で示した「人権デュー・ディリジェンス」の概念は今や重要な課題
となっている。関係者との連携・協働を重視する「ステークホルダー・エン
ゲージメント」という概念もSDGsの目標17「パートナーシップ」の形成にも
つながる重要な考え方である。

(4)　ISO26000の意義

　ISO26000は，「CSRのグローバル化を促進し，世界の貧困解消などにも貢献
し」（水尾［2018］），企業と社会的責任の関係についてのいわば「羅針盤」と
しての機能を発揮しうる（図表２-２）。認証規格とせずに「手引き」として自
主的な実践を重視する。自由度の高い手引きとして，企業の個性を活かして結
果を出していく使い方を奨励している。これらの特色から，企業にとって柔軟
性をもった導入が可能である。導入手順についても，PDCAのあり方など，
多くの示唆が盛り込まれている。
　ISO26000はCSRの新潮流となり，フィランソロピーから本業CSRへの切
り替えの契機となった。これは法的拘束力のないガイダンス規格で，いわゆる
「ソフトロー」であるが，最近国際合意がなかなか難しくなっている中で世界
的合意であるうえ汎用性が高いという特色がある。このような自主的に課題に
対処するという意味でのいわゆる「ソフトロー」のアプローチは様々なルール

形成に影響を与え，SDGsでも踏襲されていくことになった。

(5)　グローバル・コンパクト

　社会的責任に関連して，「人権」「労働」「環境」「腐敗防止」の4分野・10原則を軸に定めた，国連グローバル・コンパクトがある（**図表2-3**）。1999年の世界経済フォーラム（ダボス会議）の席上でコフィー・アナン国連事務総長（当時）が提唱した枠組み（イニシアティブ）である。企業，団体による持続可能性のための世界的な枠組みで，国連事務局に署名することで発効する。2000年7月26日にニューヨークの国連本部で正式に発足し，2021年には世界約160か国，17,500を超える企業・団体が署名している。

　日本では，グローバル・コンパクト・ネットワーク・ジャパン（GCNJ）が，2003年12月にローカルネットワークとして発足した。事務局は国連広報センター（UNIC）に置かれ，CSR担当者の自主的な勉強会や意見交換の場なども提供している。正会員は557企業・団体（2023年7月10日時点）である。

　国連グローバル・コンパクトに署名を希望する場合は，申請手続きを行う。署名した企業・団体は，これらの原則の実行状況等の報告として

図表2-3　ISO26000と国連グローバル・コンパクトの関係

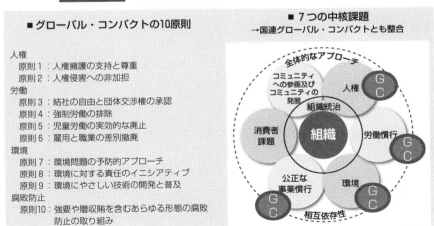

（注）　GCとはグローバル・コンパクトを意味する
（出所）　筆者作成

「Communication on Progress（コミュニケーション・オン・プログレス）の提出」が義務づけられる一方，国連グローバル・コンパクトのウェブサイトの署名企業リストに企業名が掲載され，企業の活動姿勢を表す効果的な手段となる。

　グローバル・コンパクトとISO26000との関係を見ると，グローバル・コンパクトがカバーしていない消費者課題やコミュニティ課題についてはISO26000により補強する必要がある（**図表2-3**）。

　国連グローバル・コンパクトは国連のイニシアティブであり，SDGsも国連で決まったことから，SDGs採択以降は，関係者の間でグローバル・コンパクトを重視する流れが強まっている。

2 ┃「2030アジェンダ」によるSDGsと企業

(1)　MDGsからSDGsへ

　21世紀に入り，国連では，2000年9月に開催された国連ミレニアムサミットにおいてミレニアム宣言が採択された。その中で採択された2015年を目標とする開発目標が「ミレニアム開発目標」（Millennium Development Goals：MDGs）である。

　これは，国連ミレニアム宣言と，1990年代に開催された主要な国際会議やサミットで採択された国際開発目標が統合され1つの共通の枠組みとしてまとめられたものであり，2015年が目標年とされた。MDGsは国家，市民，法人が協力して取り組むべき8つの目標，21のターゲット，その達成度を客観的に把握するための60の指標から構成された。ミレニアム開発目標には次の8目標があった。

　目標1「極度の貧困と飢餓の撲滅」，目標2「初等教育の完全普及の達成」，目標3「ジェンダー平等推進と女性の地位向上」，目標4「乳幼児死亡率の削減」，目標5「妊産婦の健康の改善」，目標6「HIV/エイズ，マラリア，その他疾病の蔓延の防止」，目標7「環境の持続可能性確保」，目標8「開発のためのグローバルパートナーシップの推進」

　MDGs については，従来の国際開発のパラダイムである「援助」という発想ではなく，「取引」を重視することが大きな特徴であり，「MDGs の焦点は世界の貧困問題の改善」にあった（高岡他［2013］）ものの，基本的には先進国が途上国に対し支援するという性格が強い。また，政府，国際機関，NGOなどの役割を重視していた。

　その後，2015年にできた SDGs は，MDGs の後継として2013年から 3 年もの議論を経て策定され2016年 1 月から発効した。持続可能性に関する国際ルールの集大成と言えるものである。2015年度を達成年限に設定されていたMDGs は，SDGs に引き継がれ，年限ももう15年延長して2030年とされた。

　2030アジェンダの制定過程の要点については，沖大幹［2018］の説明が参考になる（『SDGs の基礎』宣伝会議，沖大幹執筆部分の第 6 章144ページ）。

- SDGs は2012年に開催された「国連持続可能な開発会議（Rio＋20）」で採択された成果文書 "The Future We Want" の延長線上に構想された。Rio＋20では，SDGs は MDGs と整合する形で統合することとされたが，2013年頃にはまだ post MDGs が SDGs とは別に準備されていた。
- 開発と環境については，国際的にも，また国連組織内でもそれぞれ別の大きな流れがあり，当初の SDGs ではエネルギー，気候変動，海洋生態系，陸域生態系などしか視野に入っていなかった。しかし，国連では，開発（post MDGs）と環境（SDGs）に関する 2 つの目標群が乱立することを避けるため，両者は統合されて現在の開発，社会，経済，環境を広くカバーする SDGs となった。

(2)　SDGs の概要と特徴

　MDGs の後継としてできた SDGs を盛り込んだ「2030アジェンダ」は前文，総論，各種原則，フォローアップなどの記述からなり，英文で35ページある文書だ。その中盤の約15ページにわたり，「17の目標と169のターゲット」が盛り込まれた。2030年を目標年次とする（**図表 2 - 4**）。

　前文の「誰一人取り残さない」の記述のほか，総論部分の「ビジョン，目指すべき世界像の要素」には次の重要事項が盛り込まれている。

- 身体的，精神的，社会的福祉（well-being）が保障される世界

図表2-4　SDGs の概要

SDGs : Sustainable Development Goals
（持続可能な開発目標）

「我々の世界を変革する：持続可能な開発のための2030アジェンダ」
Transforming our world: the 2030 Agenda for Sustainable Development

2015年9月25日 **国連全加盟193か国の合意文書** **SDGsは英文35ページの中の約15ページ** **目標年次2030年**	**2030アジェンダの構成** **前文・各種原則** **SDGs（17目標と169ターゲット）** **フォローアップなど**

（出所）　筆者作成

- 公正で，衡平で，寛容で，開かれており，社会的に包摂的（inclusive）な世界
- 持続可能な経済成長と働きがいのある人間らしい仕事（decent work）を享受できる世界

これらには，今話題の企業の「パーパス」を形成するうえで，参考になるキーワードが「well-being」「inclusive」「decent work」をはじめとして，数多く盛り込まれている。

また，SDGs で重要な点は「自主的取り組み」を前提とすることだ。やれる人がやれるところから取り組む。

さらに，SDGs の理解には，「2030アジェンダ」もあわせて読みこなす必要がある（**図表2-5**）。これを読み解くと，普遍性・包摂性・参画性・統合性・透明性という SDGs の次の5つの原則が浮かび上がる（政府の SDGs 推進本部「SDGs 実施指針」2016年12月参照）。

① 他にも応用が利く「普遍性」により，SDGs を活用して世界の共通言語としての社会課題に対処しベストプラクティスを水平展開できる。
② 「誰一人取り残さない」という2030アジェンダで示された理念に基づく「包摂性」から，人権課題や福祉課題をはじめとした分野で様々なステークホルダーに配慮しながら活動を進めることにつながる。

③　関係者を結集する「参画性」は，関係者の連携を強化し，オープン・イ
ノベーションにつなげるうえで重要である。
④　経済・社会・環境の3要素を含める「統合性」は企業のCSVにとって
重要である。
⑤　「透明性」と説明責任では，SDGsの世界共通言語としての強い発信性
を活用できる。

この5原則は政府のSDGs推進本部「SDGs実施指針」でも触れられ，「ジャ
パンSDGsアワード」の審査基準にも使われている。この5原則により，社内
外でのエンゲージメント効果も期待できる。本書でもたびたび引用していく。

図表2-5　**2030アジェンダのポイントとSDGsの特色・5原則**

ビジョン，目指すべき世界像の要素

身体的，精神的，社会的福祉
（well-being）が保障される世界

公正で，衡平で，寛容で，開かれてお
り，社会的に包摂的（inclusive）な
世界

持続可能な経済成長と働きがいのある
人間らしい仕事（decent work）を
享受できる世界

パーパスへのヒント

SDGsの特色
「自主的取り組み」
　できる人ができるところから行う

5原則

①普遍性
⑤透明性
②包摂性
④統合性
③参画型

社内・社外エンゲージメントへのヒント

（出所）　筆者作成

「2030アジェンダ」に盛り込まれたSDGsは，持続可能な世界を実現するた
めの「17の目標と169のターゲット」から構成される。「17の目標」と「169の
ターゲット」はセットで扱われていることに留意が必要だ。SDGsはピクトグ
ラム（絵文字）が示す17目標だけではないのである。
　SDGsの17目標にはそれぞれ10個程度の具体的な達成目標としてターゲット
（具体的な目標）が示され，合計169になる。ターゲットは小数点で示される
（例えば，目標1「貧困」では，1.1，1.2，1.3……など）。

SDGs について進捗を測定するため，SDGs が策定されて2年後の2017年7月の国連総会でグローバル指標が定められた。合計244（重複を除くと232）の指標である。日本では統計も関連するので，総務省の政策統括官（統計基準担当）が主管であり，「指標仮訳」もつくっている。

　SDGs は，現下の社会・環境課題を網羅的に提示し，持続可能な社会づくりを目指す2030年に向けた目標である。

　SDGs の特色は，地球上の誰一人取り残さないとの理念のもとで，途上国，先進国を問わず取り組み，政府等のみならず企業の役割も重視している。SDGs はこのようにユニバーサルなもので，持続可能な社会づくりのための共通言語といえる。

　沖大幹［2018］は，SDGs は2030アジェンダの中核をなす，21世紀における「世界の大義名分」であると表現している。そのうえで，「途上国への開発援助に重点が置かれていた2000年の国連ミレニアム宣言に基づく MDGs に対し，2030アジェンダでは先進国の国内格差も視野に置き，誰一人取り残さず『我々がそうであって欲しいと願う未来』を実現するために必要な目標が SDGs として列挙されている」としている。

(3)　SDGs の「5つのP」と17目標

　このように未来志向と意欲的な目標で構成されている SDGs の17目標（**図表2-6**）は，2030アジェンダ前文で示された，現下の世界は「5つのP」が危機に瀕しているという視点で整理することができる（**図表2-7**）。

　5つのPとは，People（人間），Prosperity（繁栄），Planet（地球），Peace（平和），Partnership（協働）である。

　国連広報センターなどの説明を参考にして，5つのPとの関連で17目標を整理すると各目標の位置づけは次のとおりと理解される。

- **People（人間）**：世界の貧困を撲滅し人間らしい生活をするために，目標1「貧困」，目標2「飢餓」，目標3「保健」，目標4「教育」，目標5「ジェンダー」，目標6「水・衛生」等。
- **Prosperity（繁栄）**：持続可能な経済の繁栄のために，目標7「エネルギー」，

図表2-6　SDGs の17目標

目標1　[貧困]	あらゆる場所あらゆる形態の貧困を終わらせる
目標2　[飢餓]	飢餓を終わらせ，食料安全保障及び栄養の改善を実現し，持続可能な農業を促進する
目標3　[保健]	あらゆる年齢のすべての人々の健康的な生活を確保し，福祉を促進する
目標4　[教育]	すべての人に包摂的かつ公正な質の高い教育を確保し，生涯学習の機会を促進する
目標5　[ジェンダー]	ジェンダー平等を達成し，すべての女性及び女児のエンパワーメントを行う
目標6　[水・衛生]	すべての人々の水と衛生の利用可能性と持続可能な管理を確保する
目標7　[エネルギー]	すべての人々の，安価かつ信頼できる持続可能な近代的なエネルギーへのアクセスを確保する
目標8　[経済成長と雇用]	包摂的かつ持続可能な経済成長及びすべての人々の完全かつ生産的な雇用と働きがいのある人間らしい雇用（ディーセント・ワーク）を促進する
目標9　[インフラ，産業化，イノベーション]	強靭（レジリエント）なインフラ構築，包摂的かつ持続可能な産業化の促進及びイノベーションの推進を図る
目標10　[不平等]	国内及び各国家間の不平等を是正する
目標11　[持続可能な都市]	包摂的で安全かつ強靭（レジリエント）で持続可能な都市及び人間居住を実現する
目標12　[持続可能な消費と生産]	持続可能な消費生産形態を確保する
目標13　[気候変動]	気候変動及びその影響を軽減するための緊急対策を講じる
目標14　[海洋資源]	持続可能な開発のために，海洋・海洋資源を保全し，持続可能な形で利用する
目標15　[陸上資源]	陸域生態系の保護，回復，持続可能な利用の推進，持続可能な森林の経営，砂漠化への対処ならびに土地の劣化の阻止・回復及び生物多様性の損失を阻止する
目標16　[平和・公正]	持続可能な開発のための平和で包摂的な社会を促進し，すべての人々に司法へのアクセスを提供し，あらゆるレベルにおいて効果的で説明責任のある包摂的な制度を構築する
目標17　[パートナーシップ]	持続可能な開発のための実施手段を強化し，グローバル・パートナーシップを活性化する

（出所）　外務省 HP より一部加工
　　　　https://www.mofa.go.jp/mofaj/gaiko/oda/sdgs/pdf/SDGs_pamphlet.pdf（閲覧日：2023.4.20）

目標 8「経済成長と雇用」，目標 9「インフラ，産業化，イノベーション」，目標10「不平等」，目標11「持続可能な都市」等。

- **Planet（地球）**：地球環境保全のために，目標12「持続可能な消費と生産」，目標13「気候変動」，目標14「海洋資源」，目標15「陸上資源」等。
- **Peace（平和）**：SDGs を実現し正しい世界を確保する仕組みのために，目標16「平和・公正」[2]。
- **Partnership（協働）**：SDGs を実現する協力関係のために，目標17「パートナーシップ」。

図表 2-7 SDGs の捉え方──5 つの P

（出所）　国連広報センターの資料より作成，SDGs の当てはめは筆者
（https://www.unic.or.jp/activities/economic_social_development/sustainable_development/2030agenda/）

⑷　SDGs と企業，世界企業の動き

　SDGs では，企業の役割がクローズアップされ，社会課題の解決には企業の創造性とイノベーションが不可欠だという考えが示されている。2030アジェンダの民間企業活動の部分で，「民間企業の活動・投資・イノベーションは，生産性及び包摂的な経済成長と雇用創出を生み出していくうえでの重要な鍵である。（中略）我々は，こうした民間セクターに対し，持続可能な開発における

課題解決のための創造性とイノベーションを発揮することを求める」と記載されている。

　SDGsの企業への導入のためにつくられたものがSDGコンパスである。SDGコンパスでは，5つのステップが示されている（第1ステップ：SDGsを理解する，第2ステップ：優先課題を決定する，第3ステップ：目標を設定する，第4ステップ：経営へ統合する，第5ステップ：報告とコミュニケーションを行う）。これを読んでみると，前述のISO26000で示された社会的責任の企業への導入手順とほぼ同じ整理がなされている。また，SDGコンパスはISO26000の併用を推奨している。

　SDGsの策定以降，世界企業の対応は速く，SDGs活用の様々な先駆的事例がある。

　SDGsについて担当の役員を決めて対応した事例として，エリクソン社（スウェーデンの大手通信機器メーカー）がある。その持続可能性レポート "Ericsson Sustainability and Corporate Responsibility Report 2015"[3]では，SDGsの各目標の責任者を「アンバサダー」として決めたという内容が盛り込まれている。レポートの発行は2016年3月であり，SDGsが2015年9月に採択されて，わずか半年後のことである。

　SDGsの17目標すべてについて責任体制を示したエリクソン社に対し，17目標のうち重点を定めて発信している世界企業もある。ユニリーバ社（本社イギリス）は，2017年のレポートで，目標17の「パートナーシップ」を主軸に据えて，すべての関係者に協働を呼びかけていた。同社の価値創造モデルの説明では，目標17によりあらゆる分野でのパートナーシップを推進することを目指す企業であるという方針を示していた[4]。その後，2019年レポート（及びウェブサイト）からは，価値創造ストーリーの見せ方をステークホルダーとの関係性等を左に記載し，右に各ステークホルダーへの価値創造を示す形に変えている。

　この他，世界では数多くの企業がいち早くSDGsに取り組んできた。世界企業による持続可能性やSDGsを盛り込んだ統合報告書やウェブサイトなどでのレポーティングも年々充実している。

　また，企業ではなく研究機関からの発信であるが，よく引用される整理として，ストックホルム・レジリエンス・センターが示した「ウエディングケーキ

モデル」がある。地球環境関連の目標をベースにおいて，その上に「社会」さ
らに「経済」関連の目標を積み上げて，軸として目標17「パートナーシップ」
を記載しているものだ[5]。2016年発表でいかにも対応が早かったことと，自分
ならこう理解するという「自分事化」の先駆事例という点で意義がある。1つ
の整理方法ではあるものの，筆者は，やはり「経済・社会・環境」の統合性，
いわば三位一体で考える方が適切であると考える。

(5) SDGs をめぐる日本の情勢

　SDGs の策定を受けて，日本政府は SDGs 推進のために全閣僚をメンバーと
し本部長は内閣総理大臣が務める「SDGs 推進本部」を設けた（2016年5月20
日閣議決定）。その会合の議事録を見ると毎回ほとんどすべての閣僚から発言
があることが注目される。これは SDGs がカバーする経済・社会・環境課題の
範囲が広いことと SDGs の政府内での浸透の表れである。

　同本部は2016年12月に SDGs 実施指針を定め，SDGs はその後の政府内の重
要文書で順次取り上げられ，予算や制度の裏付けが行われている。政府は，
「日本の SDGs モデル」を示して国際社会での強いリーダーシップを発揮する
ことを目指している。

　また，SDGs 推進本部は2017年12月には「ジャパン SDGs アワード」第1回
の表彰を発表し，あわせて「SDGs アクションプラン2018」を発表した。ア
ワードは毎年行われている。同プランも毎年進化し，「SDGs アクションプラ
ン2022」から文章化され，「SDGs アクションプラン2023」も同様だ。

　以下の通り，5つのPに即し8つの重点事項が整理されている。

People 人間：多様性ある包摂社会の実現とウィズ・コロナの下での取り組み
　　1　あらゆる人々が活躍する社会・ジェンダー平等の実現
　　2　健康・長寿の達成
Prosperity 繁栄：成長と分配の好循環
　　3　成長市場の創出，地域活性化，科学技術イノベーション
　　4　持続可能で強靱な国土と質の高いインフラの整備
Planet 地球：人類の未来への貢献

　　5　省・再生可能エネルギー，防災・気候変動対策，循環型社会

　　6　生物多様性，森林，海洋等の環境の保全

Peace 平和：普遍的価値の遵守

　　7　平和と安全・安心社会の実現

Partnership パートナーシップ：官民連携・国際連携の強化

　　8　SDGs 実施推進の体制と手段

　同プランは，SDGs 実施指針に基づき，2030年までに目標を達成するために，8 分野において政府が行う具体的な施策やその予算額を整理し，各事業の実施による SDGs への貢献を「見える化」することを目的として策定されている。8 分野毎に，2023年度に各府省庁が進める予定の取り組み案と予算額も取りまとめた。

　「SDGs アクションプラン2022」から SDGs 関連予算のリストを作った。2023版では政策本数が合計588にも上る。そして関連予算は，令和 4 年度第 2 次補正予算（2022年11月 8 日閣議決定）及び令和 5 年度当初予算政府案（2022年12月23日閣議決定）に含まれる総額は約7.0兆円（内数として予算額が特定できない施策については，合計額には含まない）となっている。

　このように 8 つの重点分野だけでもかなり多くの項目や予算が投入されていることが SDGs の政策における主流化を反映したものとなっている。

　企業が注視すべき点は，SDGs アクションプランは年を追うごとに進化し，政策の肉付けと SDGs による既存・新規政策の体系化が進んでいることだ。また，同プランには「環境・社会・ガバナンス（ESG）投資の推進等」及び「SDGs 経営イニシアティブの推進」も盛り込まれている。

　SDGs が国連関連ということで外務省が事務局になっていることもあり，世界に向けて日本 SDGs モデルを発信するロードマップが示され，内外に向けた総合プランであることも大きな特色である。企業にとっては，世界に対し自社の技術・製品・サービスの強みを SDGs と関連づけて説明し，発信を強化していくことができる。「EXPO for SDGs」を打ち出している2025年大阪・関西万博（正式名称：2025年日本国際博覧会）などで世界中から影響力の強い視察団やメディアが訪日する。その時に，日本企業の最新の技術力などを発信する効

果もねらうことができる。

⑹　日本でも高まった SDGs の認知度

　このような中で，日本での SDGs の認知度は，2021年，22年，23年と急速に高まった。

　しかし，2019年あたりまでは，日本での認知度は高くなかった。例えば，世界経済フォーラムによる，世界での SDGs 認知度調査（2019年）の結果は懸念されるものだった。SDGs の認知度を28か国，約2万人に対して調査したものだ[6]。この結果によると，世界平均では SDGs を「とてもよく知っている」6％，「よく知っている」20％だった。しかし，日本では「とてもよく知っている」は1％，「よく知っている」も7％といずれも最下位であった。日本の SDGs 認知度は際立って低く28か国中最下位だった。

　この調査結果では，先進国よりも新興国の方が SDGs に対する認知度が高い傾向があった。第1位インド，2位トルコ，3位中国，4位サウジアラビアは，「とてもよく知っている」と「よく知っている」と答えた割合が，あわせて過半数を超えていた。一方，フランス，イタリア，英国などはかなり低い認知度であった。米国も順位は低いが，国連本部もあり，「とてもよく知っている」と答えた比率は12％と高かった。

　このままでは日本の認知度の低さが気になるところであったが，その後，これを覆すような調査結果が出た。株式会社電通（以下「電通」）は，「SDGs に関する生活者調査」を2018年から継続的に行っており，2023年が第6回目だ。全国10〜70代の男女計1,400人を対象にする[7]。主な結果は次のとおりである。

- まず，SDGs の認知度は91.6％で，2022年1月の第5回調査から5ポイント以上伸長。2018年2月実施の第1回調査からは約11倍以上になった。
- 「内容まで理解している」という回答は，第1回調査から約11倍にあたる40.4％へと伸長。10代では過半数を超えた。

　もちろん，電通調査は世界経済フォーラムの調査とは違うので比較しにくいが，世界経済フォーラムの調査の2019年に比べ，2021年から2023年で急速に認知度が高まり「挽回した」と理解できる。

　日本の企業での認知度については，GCNJ（グローバル・コンパクト・ネッ

トワーク・ジャパン）及び地球環境戦略研究機関による日本のSDGs経営に関する調査[8]がある。SDGs日本企業調査レポート2019年度版「ESG時代におけるSDGsとビジネス〜日本における企業・団体の取組み現場から〜」は2020年3月5日に公表された（今回が4回目）。GCNJ会員向けのWebアンケートによるSDGs実態調査なので，認知度は比較的高い。協力企業団体の事例紹介もあり，本書で事例として取りあげる滋賀銀行，住友化学，セイコーエプソンも含まれているので参照する。

　GCNJ会員（335企業・団体）へのアンケート調査結果（アンケート実施期間は，2019年9月1日〜10月11日で，回答は186企業／団体）と16の金融機関・事業会社へのヒアリング結果をもとに，GCNJ会員のSDGsに関する認知度や取り組み状況の経年変化（2018年→2019年）が分析されている。

　これによれば，経営陣のSDGsに関する認知度が上昇し（59→77%），CSR担当者の認知度と同じ値にまで上昇した。中間管理職の認知度も18%から33%まで増加した。SDGsの推進活動主体は，CEO，取締役会，経営執行会議体，経営企画部門がそれぞれ増加（CEO：14→19%，取締役会：6→9%，経営執行会議体：6→16%，経営企画部門：25→38%）。その一方で，CSR部門は減少（71→60%）している。

　今後のSDGsの取り組みを聞いた設問への回答では，「自社の戦略・経営計画に反映する」が3年連続で増加（48→59→68%），その一方で，「CSRの重点課題に反映する」は3年連続で減少（63→58→47%）という結果になった。

　筆者としては，これはSDGsがますます主流化し，SDGsが経営事項であるという認識が強まった傾向であると解釈する。

3 ｜ESG投資の加速が与える企業への影響

⑴　ESG投資と「トリプルボトムライン」

　上記のとおり，ISO26000によりCSRについてのガイダンスができ，CSVが提唱され，SDGsが策定される一方，投資家を中心にCSRと類似の要素をESGの3つで整理する流れが出てきた。投資家によるESGに関する要素は論

者により様々であるが，代表的な考慮要素は次のようなもので，「財務情報」
に対比して「非財務情報」といわれる。

　E：地球温暖化対策，循環経済，リサイクル，省エネや生物多様性などの課
　　　題
　S：人権，「人的資本」経営，働き方改革，ワーク・ライフ・バランス，女
　　　性活躍，地域社会などの課題
　G：取締役会の役割，社外取締役の配置などの課題

　ESG投資とは，投資にあたり企業価値を測る材料として，伝統的なキャッ
シュフローや利益などの定量的な財務情報に加え，非財務情報であるESG要
素を考慮する投資だ。その背景には，企業価値は財務情報だけでは測れず，非
財務情報も見なければ企業を正しく評価できないという考えが強まったことが
ある。

　源流として，1997年の「トリプルボトムライン」の考え方が背景にあると理
解されるが，その後，21世紀に入り，多くの大規模な企業不祥事が起こり，経
済・社会・環境の3要素では不十分で，企業統治（ガバナンス）が必要である
との流れになった（**図表2-8**）。

図表2-8　ESGのとらえ方

（出所）　筆者作成

　ESGを重視する投資は「ESG投資」といわれるが，その重要なきっかけと
なったのが2006年に提唱された責任投資原則（Principles for Responsible
Investment：PRI）である。コフィー・アナン国連事務総長（当時）が公表し

た。機関投資家が ESG 課題を投資の意思決定に組み込み長期的な投資リター
ン向上を目的とした原則を示したイニシアティブである。機関投資家の投資原
則として次の 6 原則を示した。

- 投資分析と意思決定のプロセスに ESG の課題を組み込む
- 活動的な所有者となり所有方針と所有習慣に ESG の課題を組み入れる
- 投資対象の主体に対して ESG の課題について適切な開示を求める
- 資産運用業界において本原則が受け入れられ実行に移されるように働きか
  けを行う
- 本原則を実行する際の効果を高めるために協働する
- 本原則の実行に関する活動状況や進捗状況に関して報告する

　PRI の原則には，①アセットオーナー（資産保有組織），②運用機関，③
サービス提供者の機関があり，国連に署名する形で参画する。署名した機関は，
ESG 投資を増やしていく。

⑵　ESG 投資のうねりのきっかけとなった PRI

　PRI 提起以降，世界では署名機関の数が急増し，投資額にうねりがきている。
ESG 投資は，2008年のリーマン・ショック後に短期的な利益追求に対する批
判が高まったことも，加速要因となった。2022年 2 月時点で，4,900以上の年
金基金や運用会社などが PRI に署名している（このうち，日本の署名機関は
116件，**図表 2 - 9 ⑴**）。

　2020年のデータでは，世界の ESG 投資残高は35.3兆ドル（約4,500兆円）に
達し，2016年の22.9兆ドル，2018年の30.7兆ドルから大幅に伸長した。

　地域別割合を見ると，米国：48%（2018年39%），欧州：34%（2018年46%），
日本： 8 %（2018年 7 %）である（**図表 2 - 9 ⑵**）。欧州の残高が減少した主要
因は，サステナブル投資の定義の変更と考えられる。米国はこれまで，欧州と
比べると ESG 投資に対し必ずしも積極的とはいえなかったが，最近は公務員
年金基金などを中心に，世界の潮流に歩調を合わせる動きを強めたと見られて
いる。

　2016年から2020年の 4 年間で，日本の急加速が目立っている。加速の要因は，

運用資産額約190兆円という世界最大の機関投資家である GPIF が PRI に署名
し，ESG 投資の推進を明確化したことである。

この GPIF の動きは，2015年国連サミットで SDGs が採択されたことと同期
していた。2015年9月25日の第70回国連総会で，SDGs を盛り込んだ「2030ア
ジェンダ」が採択されたが，当時の安倍晋三総理は9月27日の国連サミットの
スピーチで，貧困撲滅や気候変動問題への積極的関与に加えて，GPIF が PRI

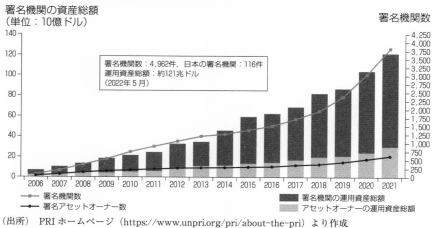

図表2-9(1)　PRI 署名数・運用規模の推移

（出所）　PRI ホームページ（https://www.unpri.org/pri/about-the-pri）より作成

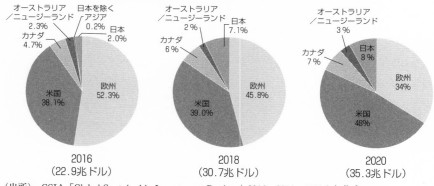

図表2-9(2)　地域別 ESG 投資残高の割合

（出所）　GSIA「Global Sustainable Investment Review」2016，2018，2020より作成

に署名したことも発表した。振り返ってみると，国連での日本政府の動きや GPIF の動きはすべて連動していたが，この重要な動きが，日本ではあまりクローズアップされなかったのは残念なことだ。

　ESG を原則とする PRI も国連の主導なので，SDGs と ESG は相互に密接な関係になった。

(3)　GPIF が示す，ESG/SDGs の関係性

　GPIF では，ESG と SDGs を関連付けて説明している（**図表2-10**）。

　PRI への署名と SDGs をリンクさせ，ESG 重視が投資家にとって良質な投資機会の増加につながり，一方，事業会社は SDGs を事業機会の増加にもリスク回避にも使って競争優位につなげると説明している。

　この資料は ESG/SDGs 関係者に大きな影響を与えた。まず左側の GPIF の下に PRI の原則である，「ESG 重視の投資決定」などが記載されている。一方，右の企業の欄には SDGs の17目標が示され，企業が SDGs に賛同し CSV を実

図表2-10　GPIF が示す ESG 投資と SDGs の関係

（原資料出所）　国連等より GPIF 作成
（出所）　GPIF ホームページ
　　　　https://www.gpif.go.jp/esg-stw/esginvestments/?（閲覧日：2023.4.20）.

践し事業機会を増加させると記載している。そして，GPIF が，SDGs 活用により事業機会を的確につかむ企業に対し ESG 投資を行うと，SDGs を実践している企業は企業価値が高いので，そこへの投資を通じリターンが増加する。これによりさらに GPIF の投資機会の増加につながっていく，という好循環が生まれる，と示している。

投資側は PRI，企業側は SDGs を実践すべきであるとし，ESG と SDGs を関連づけた。この結果，GPIF による ESG 投資と，投資先企業の SDGs への取り組みは，表裏の関係になった。事業会社はビジネス・チャンスの拡大にもリスク回避にも SDGs を活用して競争優位につなげ，これにより投資家と事業会社の間のいわば「ウィン・ウィン関係」を築くためにはどうすればよいか，ということがポイントである。

このように，日本においては，企業にとっての SDGs への対応が，ESG 投資の動きにけん引されているのが特色である。

GPIF は，2017年には ESG のインデックス 3 つを選定し，これに 1 兆円を振り向けるとしたのをはじめとして，その後順次投資額を拡大している。GPIF によれば，次のような運用をしている。企業が公開する情報などを基に ESG への取り組みを見て銘柄を組み入れる株価指数を，2022年3月末時点で 7 つ（総合型 4 つ，特定のテーマ型 3 つ）採用し，それぞれの指数に連動するパッシブ運用（市場の平均的な値動き，一定のインデックスなどと連動する運用方法）を開始した（**図表 2 -11**）。例えば，総合型指数の国内株への運用は，3.8兆円に上っている（2022年3月末現在）。

GPIF は指数会社に組み入れ銘柄の採用基準を公開するように要請しており，それが企業側の情報開示を促し，ひいては国内外の株式市場全体の価値向上につながるような底上げ効果を期待している。

⑷ 日本のコーポレートガバナンス・コードと東証再編

① 「コーポレートガバナンス・コード」の制定

投資に関連し，2014年に，日本で株価及び時価総額が伸びないのは，日本における ESG に対する意識の低さと，ROE（Return On Equity：自己資本利益率，計算式は，ROE＝当期純利益÷自己資本）の水準の低さから外国人投資

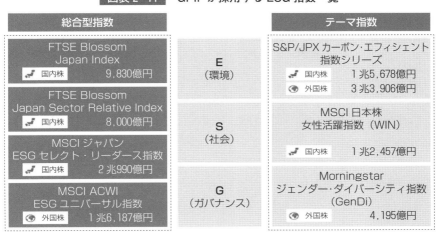

図表 2 -11　　GPIF が採用する ESG 指数一覧

運用額は2022年 3 月末時点

（出所）　GPIF ホームページ
https://www.gpif.go.jp/esg-stw/esginvestments/?（閲覧日：2023.4.20）.

家に評価されていないことが原因ではないかとの議論がなされた。これをまとめたのがいわゆる「伊藤レポート」だ。伊藤邦雄・一橋大学教授（当時）を座長とした，経済産業省の「『持続的成長への競争力とインセンティブ〜企業と投資家の望ましい関係構築〜』プロジェクト」の最終報告書の通称である。2014年 8 月に公表，ROE の目標水準を 8 ％と掲げ，実務界から大きな反響があった。

　これを受けて，「日本再興戦略」改訂2014により ESG 対応の基礎となる，2014年に機関投資家向けの「スチュワードシップ・コード」と2015年に一般企業向けの「コーポレートガバナンス・コード」ができた（図表 2 -12）。

　その後，2017年には，企業の ESG 対応について的確な ESG 対応と企業のサステナビリティ・マネジメントの早急な見直しを求めた「伊藤レポート2.0」（「持続的成長に向けた長期投資（ESG・無形資産投資）研究会」報告書）が公表された。

　続く，2019年には経済産業省の「SDGs 経営／ESG 投資研究会」（座長：伊藤邦雄　一橋大学大学院　経営管理研究科　特任教授）が ESG と SDGs の関係も

分析し，「SDGs経営ガイド」を発表した（2019年5月）。

このように，ESG投資とSDGs経営は重要な政策課題になっている。

② コーポレートガバナンス・コードの強化と東京証券取引所の上場基準の改
訂

「スチュワードシップ・コード」も「コーポレートガバナンス・コード」も，それぞれ3年ごとに改訂が行われている。

「コーポレートガバナンス・コード」は，上場企業が行う企業統治（コーポレートガバナンス）でガイドラインとして参照すべき原則・指針を示したもの。「Corporate Governance」の頭文字を取ってCGコードと略す場合もある。

次の2つの特色がある。

まず，「プリンシプルベース・アプローチ（原則主義)」で，原則のみを定め，細部はそれぞれの企業に任せるという考え方である。

次に，「コンプライ・オア・エクスプレイン（Comply or Explain)」の手法と呼ばれる「ソフトロー」であることだ。これは全ての原則に対する遵守義務はなく，遵守しない場合は説明すればよい，というものだ。

コードの原則としては，株主の権利・平等性の確保，株主以外のステークホルダーとの適切な協働，適切な情報開示と透明性の確保，取締役会等の責務，株主との対話などの原則がある。

企業は毎年，コーポレートガバナンス・コード報告書の提出を東証から求められ，投資家もチェックする重要な情報源に育った。

2022年4月4日に東京証券取引所（以下，「東証」という）の上場基準が改訂された。東証には，市場第一部，市場第二部，マザーズおよびJASDAQ（スタンダード・グロース）の4つの市場区分があったが，これを，「プライム市場・スタンダード市場・グロース市場」の3つの市場区分に変更した。

サステナビリティ関連での市場再編による大きな変更点の1つは，コーポレートガバナンス・コードの改訂による開示の強化である。

コーポレートガバナンス・コードは3年ごとに改訂され，2018年6月に続き2021年6月にも改訂された。2021年の改訂の特徴の1つは，市場再編と関連して再編後の市場ごとに開示内容に差を設けていることである。

2021年6月の改訂では，上場基準の新区分も念頭にして主な項目が次のとお

り定められた。

---

① 取締役会の機能発揮
- プライム市場上場企業において，独立社外取締役を 3 分の 1 以上選任（必要な場合には，過半数の選任の検討を慫慂）
- 指名委員会・報酬委員会の設置（プライム市場上場企業は，独立社外取締役を委員会の過半数選任）
- 経営戦略に照らして取締役会が備えるべきスキル（知識・経験・能力）と，各取締役のスキルとの対応関係の公表
- 他社での経営経験を有する経営人材の独立社外取締役への選任
② 企業の中核人材における多様性の確保
- 管理職における多様性の確保（女性・外国人・中途採用者の登用）についての考え方と測定可能な自主目標の設定
- 多様性の確保に向けた人材育成方針・社内環境整備方針をその実施状況とあわせて公表
③ サステナビリティを巡る課題への取り組み
- プライム市場上場企業において，TCFD 又はそれと同等の国際的枠組みに基づく気候変動開示の質と量を充実
- サステナビリティについて基本的な方針を策定し自社の取り組みを開示

　このようにサステナビリティを巡る課題への取り組みについての開示が強化されている。このコードはソフトローではあるものの，プライム市場の上場との関連もあり，TCFD などによる開示は実質的には義務化されたと見てよい。

図表 2 -12 日本における ESG 投資に向かう制度

「日本再興戦略」改定2014を受けて開始，以後 3 年ごとに改定

スチュワードシップ・コード（2014年）

| 資本市場 | 顧客資産の運用 資本リターンに着目した投資 | 機関投資家などがスチュワード（顧客からその資産の管理を委ねられた者）として，投資家の上場企業に対して持続的成長を促すための行動規範 |

コーポレートガバナンス・コード（2015年）

| 企業 | 投資資金の受入れ 持続可能な成長に向けた企業戦略 | 上場企業のさまざまなステークホルダーとの関係を踏まえた適正なコーポレートガバナンスと，持続的成長を実現するための行動規範 |

（出所）　筆者作成

TCFD などの開示をしない理由を説明するのはきわめて難しいからだ。後述する，企業の中核人材における多様性の確保などの「人的資本」関連の開示事項も盛り込まれている。

4 | 求められる SDGs 経営

(1) サステナビリティに関する国際ルール

ここまでの記述で，様々な国際的ルールや考え方が出てきた。国際機関の間でも連携が進んでいるので，様々なルールの相互関係を整理しておくと効果的である。

ISO26000が示した最も重要なポイントの1つは，CSR は本業により遂行すべきであると明確に打ち出したことである。これがそれまでのフィランソロピー的な CSR から本業 CSR への転換点となった。

そして2010年11月の ISO26000発行直後の2011年1月に CSV の概念が発信され，ISO26000と CSV の間での混乱が起こった。この点は後述するが，結論からいえば，CSR の基礎を構築したうえで，CSV を推進するべきである。

この間，日本には，CSR，ISO26000，CSV，SDGs，そして ESG と，次々と海外から発出される概念，ルールや考え方が導入されてきた。企業としてこれらに個別に対処すると，経営層にとっても社員にとっても理解が進まず混乱する。これに的確に対処するには，世界的にも通用するいわば「羅針盤」となりうるルールを「ベースキャンプ」として使うことが有益だ。

筆者は，企業とサステナビリティの関係については，ISO26000が極めて有効な「ベースキャンプ」になると考える。その理由は，ISO26000は企業などの組織が社会課題に対処するうえでの基本的な考え方や7つの中核主題及び社会的責任の企業への導入の仕方も示した，いわば，CSR の実践のための手引きであり，最近の非財務情報をめぐる要請を網羅しているからである。

また，ISO26000は，内外で事実上の標準化（デファクトスタンダード化）が進み，CSR の新潮流となり，本業 CSR への切り替えの契機となった。前述のとおり，ISO26000はいわゆるソフトローではあるが，最近国際合意が難し

くなっている中で世界的合意があって網羅性も高く，CSRを考えるうえでは汎用性がきわめて高いものである。組織全般の手引きとして策定されたが，CSRの指針となっている。

　なお，ISO26000策定過程での国際議論では，日本の代表団の貢献が大きかった。国際対応のため意見を集約する国内委員会が設けられ，松本恒雄・一橋大学教授（当時，消費者法の専門家）が委員長であった。既に策定後10年以上経過し，日本では上場企業をはじめ多くの企業でISO26000が定着したので，これを活用すれば効果的にSDGsにも対応できる。また，国際機関の文書は相互に関連しており，SDGコンパスでもISO26000を参照することが推奨されている。

　しかしながら，日本の現状を見ると，ISO26000を効果的に活用している企業は少なく，単に参照事項として当てはめている企業が多い。非財務情報の総合的な整理が求められる現在，改めてISO26000を活用していくべきであると考える。また，ISO26000による体系を整えていない企業は，SDGsの活用に先立ってISO26000による体系整理を行い，CSRを本業化することが必要である。CSRをフィランソロピー的にとらえている状況では，本業活用を推奨するSDGsに的確に対応できないからである。

　そして，2013年から2015年にかけて3年間にわたる議論を経て出来上がった2030アジェンダ及びそれに盛り込まれたSDGsは，それまでの社会・環境の要請に関する考え方やルールの集大成であると考えられる。SDGsには，2010年発行のISO26000のみならず，CSVの考えが大きく影響を与えている。SDGコンパスでは，CSVの中核の考えである「価値の創造」という表現が使われている。具体的には，ステップ5「報告とコミュニケーションを行う」の項目の中でも「単に主要ステークホルダーに対するコミュニケーション以上に，効果的な報告は，信頼を醸成し価値創造を促進する」としている（下線は筆者）。このように，SDGsにはCSVが影響を与えていることをここで確認しておく。

(2)　様々な国際ルールの関係性の整理

　CSR，CSV，SDGs，ESGとそれらの相互関係を見てきた。すべてサステナビリティに関連するが，次の3つに分けて考えることができる。

①まず，パリ協定やSDGsは目標年次を設定して社会・環境課題として「取り組むべき内容」を示すものである。

②次に，これらの取り組みへの「企業の活動指針」を示しているのは，ISO26000や国連グローバル・コンパクトであり，これにSDGコンパスも加えることができる。

③そして，第三が開示ルールである。ESGでは，非財務情報と財務情報を統合した開示を求める動きが加速しており，報告の仕方や開示方法についてはGRI（Global Reporting Initiative）やIIRC（International Integrated Reporting Council）が推進している。最近はこれに気候変動ではTCFD（Task Force on Climate-related Financial Disclosures：気候関連財務情報開示タスクフォース）やTCFDの「自然版」ともいわれるTNFD（Taskforce on Nature-related Financial Disclosures：自然関連財務情報開示タスクフォース）が加わった。日本では，コーポレートガバナンス・コードや有価証券報告書も重要だ。

さらに最近はこれらすべてに対して，企業の競争戦略としてのCSVの考え方が影響を与えている。これをイメージ的に図示したものが**図表2-13**である。

次章以降で相互の関係性などに触れつつ，説明していくこととする。

図表2-13 サステナビリティに関する様々な国際ルールや考え方

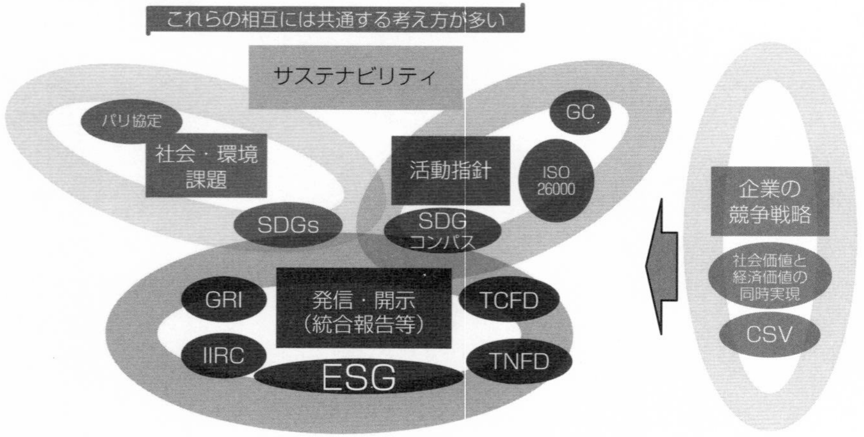

(出所) 筆者作成

(3)　ESG 時代における「SDGs の主流化」

　今は ESG 時代といってもよいくらい，ESG 投資が加速している。

　そして，前述のとおり，ESG 投資家は，投資における E，S，G の各要素の判断にあたり，企業の SDGs への貢献度を 1 つの指標として使い，ESG と SDGs とは「表裏の関係」になった。これは，SDGs への対応が株価水準に影響するようになったことを意味する。これまでの CSR など以上に SDGs が経営上重要視されるようになった大きな理由の 1 つである。

　SDGs は，政府の政策や関係各方面で，単なる参照ではなく重要事項として扱われるという意味で「主流化」の動きが加速している。この結果，その対応は全部署に関連し，経営トップも重大な関心を寄せる経営事項になっている。

　様々なステークホルダーが SDGs への動きを強めており，日本では，次の 8 方面の動きが重要である。

　①**ESG 投資**：投資家，特に，世界最大の機関投資家である GPIF が2015年 9 月に PRI に署名し，ESG 投資の推進を明確化した。GPIF は事業会社には SDGs の実践を求めている。

　②**企業，経団連（日本経済団体連合会）等**：2017年11月に「企業行動憲章」を，「『Soceity5.0』の実現を通じた SDGs の達成」を柱として改定した。金融界でも，全国銀行協会や日本証券業協会が，SDGs の達成を協会の重要課題と位置づけて憲章改定を行った。このように，経済界全体で SDGs への対応が加速している。特に，取引の大きなプラットフォームを提供する企業が SDGs を重視しているので，これら企業との取引には SDGs が重要になっていく。したがって，非上場企業も中小企業も例外ではない。

　③**自治体**：政府は，SDGs の達成に向けた取り組みを行っている都道府県及び市区町村の割合について60％（2024年度）を目標にしており，「SDGs 未来都市」が政府により2023年度までに累計182自治体選定されている（2024年度までに累計210都市を目標）。SDGs 未来都市制度は，優れた SDGs の取り組みを提案する都市を「SDGs 未来都市」として毎年最大30程度選定するものだ。

　④**東京五輪**：東京オリンピックの調達・運営のルールが SDGs を参照して定

められた（東京2020オリンピック・パラリンピック競技大会　持続可能性に配慮した調達コード）。2025年大阪・関西万博も，その主たる目的はSDGsの実現への貢献である。これは公共調達面でも影響を与える。

⑤**アカデミアの役割**：アカデミアの役割もますます重要になってきた。SDGsの奥の深さとESGとSDGsの複雑さから，研究ニーズも増している。

筆者が教壇に立つ千葉商科大学では，RE100大学の実践で原科幸彦学長が代表世話人を務める「自然エネルギー大学リーグ」が2021年に設立された[9]。同リーグは日本国内の大学が集まり，自然エネルギーの活用等を通じて脱炭素化をめざすことを目的とする。キャンパス会員は千葉商科大学，広島大学，長野県立大学，立命館大学，足利大学，名古屋大学，東京外国語大学，上智大学，千葉大学，和洋女子大学，慶應義塾大学の11大学である。支援団体会員も９企業（2022年11月末時点），その後も会員数が増加している。

同大学では，SDGsを含めサステナビリティの研究を強化するため「サステナビリティ研究所」を2023年４月に設立した（筆者が所長を務めている）。

また，青山学院大学では，「SDGs/CE パートナーシップ研究所」[10]（同大学経営学部・玉木欽也教授が所長）が日本政府SDGs推進本部から提唱された「SDGsアクションプラン2020」の３本柱を捉え直して，未来戦略デザイン志向の５つの研究課題を設定して，それらの実践を担うSDGs人材開発に取り組む。筆者も客員研究員である。

⑥**教育面**：小学校は2020年度，中学校は2021年度，そして高校では2022年度から，「新学習指導要領」が全面実施された。今回の改訂では「持続可能な社会の創り手の育成」が明記され，SDGsの担い手を教育の現場から育成することとなった。学習指導要領は，世界情勢や社会の変化に応じて，およそ10年に一度改訂される。今回の改訂を受けて，小学校の家庭科や道徳科，中学校の社会科，理科や技術・家庭科などにSDGsが盛り込まれている。

⑦**消費者，NPO/NGO**：SDGsへの取り組みを強化している。特にミレニアル・ポストミレニアル世代がSDGsへの関心を深めている。

⑧**メディア**：2018年９月に国連が世界中の報道機関とエンターテインメント企業の資源と創造力をSDGsの推進に協力させるために発足させた，「SDGメディア・コンパクト」参加企業が最近激増した。メディア企業がヒューマンス

トーリーや解決策を発信することにより，SDGs に関するアドボカシー（支持・表明や唱道）と行動，説明責任の強力な原動力となっている。

2022年6月10日時点で世界で279社が加盟，そのうち170社が日本のメディア[11]で，日本は非常に大きな割合を占めている。ここにも，横並び志向の強い日本では，出足は遅いが，一度点火すると一気に加速する傾向がみられる。

(4)　求められる SDGs 経営

このような SDGs の各方面での「主流化」の中で，サステナビリティの共通言語といえる SDGs を企業として使いこなすことがビジネス上の必須要素となった。SDGs は世界の共通言語なので特にグローバルビジネスやグローバル化するサプライチェーン管理にも必須である。一刻も早く企業経営に SDGs を実装していく必要がある。

第2章のまとめ

○サステナビリティに関しては，CSR，CSV，SDGs，ESG の内容と相互の関係性を理解する必要がある。

○特に，CSR の定義や社会的責任について，その後の SDGs や SDG コンパスにも影響を与えた2010年発行の ISO26000が重要である。CSR の定義について本業を主軸に据えたこと，7つの中核主題をまとめたこと，経営への導入手法を示したことがその後の企業と社会の関係に関するルールに影響を与えた。

○SDGs は，地球規模的課題を踏まえて策定されたサステナビリティについての「世界の共通言語」である。17の目標と169のターゲット及び232の指標によって構成され，持続可能な社会づくりに関する様々なルールの集大成である。関係者のすべてが，自主的に取り組む2030年に向けた目標である。

○一方，ESG は，主として投資家が投資における E，S，G の各要素で投資判断をするための用語である。その判断にあたり，企業の SDGs への貢献度を1つの指標として使うようになり，ESG と SDGs とは「表裏の関係」になった。これは，SDGs への対応が株価水準に影響するようになったことを意味する。これまでの CSR など以上に，SDGs が経営上重要になった最大の理由である。

○SDGs の17の目標はカバーする範囲が極めて広い。この結果，SDGs を経営

に生かす SDGs 経営が必須となっている。また，SDGs は，企業に本業に基づく創造性とイノベーションを期待している。

○こうして，SDGs の各方面での「主流化」の中で，サステナビリティの共通言語といえる SDGs を企業として使いこなすことがビジネス上の必須要素となった。SDGs は世界の共通言語であることから，特にグローバルビジネスやグローバル化するサプライチェーン管理に必須である。以上から，一刻も早く企業経営に SDGs を実装していく必要がある。

【注】

1　以下の ISO26000に関する記述や第 3 章 2 ⑶の「ISO26000の CSR と CSV の関係」に関する記述は笹谷秀光『CSR 新時代の競争戦略―ISO26000活用術』（日本評論社・2013）を再構成している。

2　17目標の簡略化した表現は，図表 2 - 6 に示す外務省ホームページで示されたものを，企業にとってもわかりやすいよう，目標16は「平和・公正」に，目標17は「パートナーシップ」に変えて，踏襲している。

3　https://www.ericsson.com/assets/local/about-ericsson/sustainability-and-corporate-responsibility/documents/2015-corporate-responsibility-and-sustainability-report.pdf （閲覧日：2023.4.20）.

4　https://www.unilever.com/Images/sustainable-living-report-2017_tcm244-537865_en.pdf（閲覧日：2023.4.20）.
　　https://www.unilever.com/sustainable-living/our-strategy/un-sustainable-development-goals/（閲覧日：2023.4.20）.

5　https://www.stockholmresilience.org/research/research-news/2016-06-14-the-sdgs-wedding-cake.html（閲覧日：2023.4.20）.

6　「Global Survey Shows 74% Are Aware of the Sustainable Development Goals」
　　https://www.weforum.org/press/2019/09/global-survey-shows-74-are-aware-of-the-sustainable-development-goals/（閲覧日：2023.4.20）.

7　https://www.dentsu.co.jp/news/release/2023/0512-010608.html（閲覧日：2023.7.20）.

8　http://www.ungcjn.org/activities/topics/detail.php?id=339&fbclid=IwAR35-nEk1Svjla6Qb2oraTI638I7YAYIsfruznEcjrCL-QWJFPA8neSQT1U（閲覧日：2023.4.20）.

9　https://www.re-u-league.org/about-1/（閲覧日：2023.4.20）.

10　https://sdgs-hrdp.jp/（閲覧日：2023.7.30）.

11　https://www.unic.or.jp/activities/economic_social_development/sustainable_development/2030agenda/sdg_media_compact/（閲覧日：2023.4.20）.

サステナビリティと競争戦略：「進化型CSV」
——理論編 I

> 本章では，企業の競争戦略とサステナビリティの両立に役立つCSVの理論の形成過程を探る。日本でもCSVを採用する企業が多い中で，その経営戦略としての有用性を知る。一方，社会課題が不明確であること，メソッド面・発信面での弱点が指摘されている。
>
> この点を補強するため，SDGs活用により，社会課題を明確化させ，メソッド面・発信面での強化を図る。これにより，従来型CSVの弱点が補強されたCSVになることを確認し，これを「進化型CSV」と呼ぶことにする。
>
> SDGsの17目標は企業にとってのチャンスである一方，リスク回避にも使える。SDGsを活用すれば，この両面で競争優位が実現して，CSVで取り組もうとする社会課題が明確化する。
>
> そこで，社会課題の明確化，重点課題の選定，進度管理，発信といった経営の各プロセスに即してSDGsを活用すれば，進化型CSVにつながることを確認する。

1 │ 競争戦略と共通価値の創造（CSV）

(1) 戦略的CSRからCSVへ

　企業と社会の関係について大きな影響を与えた国際規格ISO26000が2010年11月に発行される中で，企業の競争戦略にとってサステナビリティの経営への実装は重要課題となってきた。

　そのような状況の中で一石を投じたのが，ISO26000ができた直後の2011年1月に，ポーターとクラマー（以下，「ポーターら」とする）がハーバード・ビジネス・レビュー誌の2011年1月・2月合併号に寄稿した論文で提唱した

CSV である。

　彼らはこの論文で，2006年から提唱してきた「戦略的 CSR」を発展させ，CSR は利益を上げた時のフィランソロピー的な付属的な活動と捉えられてきたが，今後は企業経営では CSR を戦略的に活用すべきである，社会と企業が「共通価値を創造」する方向性で事業を行い，社会にとって良く企業にとっても競争力につながるという状況を目指すことが，今後の競争戦略として重要である，と主張した。

　このように，「共通価値の創造」（Creating Shared Value：CSV）を提唱し，これを実現するためには，①製品，②バリューチェーン，③クラスターの３つの方法（way）があると示した。

　CSV は社会課題解決型の新たな経営戦略として評価され，CSV 戦略を採用する日本企業も多い。しかしながら，CSV に関しては，多くの批判や弱点も指摘されてきた。そこで，本章では，ポーターらによる CSV の理論の流れをレビューし，CSV の経営上の有用性と弱点の補強に焦点を当てる。

　SDGs は社会課題解決への企業の革新力を期待しており，企業はビジネス・チャンス獲得とリスク回避の両面で SDGs を競争戦略に活用できる。企業はSDGs を活用すればどの社会課題に対処しているかを明確に示すことができるので，指摘されている CSV の弱点を克服できる可能性がある。

　本章では，CSV の弱点を克服するための SDGs 活用の要素を抽出する。まずは，ポーターらの CSV という概念の形成過程を振り返る。CSV 理論の形成過程は，サステナビリティの歴史的進展に呼応した，企業の競争戦略の変遷としても学ぶべき点が多い。

⑵　CSV 概念の形成過程

　ポーターらは2002年，2006年，2011年と３本の論文で理論を進化させてきた。
　CSV の概念の芽生えはポーターらの2002年の論文に遡ることができる。企業によるフィランソロピーの戦略的活用が地域社会での主導権の確立や競争優位になることを示し（ポーターら［2002]），概要，次のように述べている。
　企業がフィランソロピーを社会から強制されて行うのではなく，フィランソロピーを戦略的に使えば企業の能力向上と関係者との連携に好影響を与え長期

的なビジネスの繁栄につなげることができる。

　このためには企業がフィランソロピーを行う際の文脈に焦点を当てた「コンテクスト・フォーカスト・フィランソロピー」に変更すべきである。フィランソロピーの寄付先と寄付内容の 2 点が戦略上重要である。焦点を定めることにより，社会の価値を上げつつ企業の価値も上げることができるとした。

　筆者は，この論文の重要性は，それまで主流であった本業とは直接関連しないフィランソロピーではなく，本業への好影響を与えるねらいで本業との関連性を指摘したことにあると考える。

　続いて，ポーターらは，「受動的な CSR」ではなく事業活動との結びつきを強化した CSR を「戦略的 CSR」と表現し，CSR の競争戦略での活用方法を示した（Poter and Kramer［2006］）。企業は，社会や環境に及ぼす悪影響を相当改善してきたものの，いまだに企業と社会を対立するものとしてとらえていると考え，次のように述べている。

　企業と社会は相互に依存し合っているので，単なるフィランソロピーの範囲にとどまらず，双方にメリットをもたらすような形で戦略的に事業を展開する。企業の成功には健全な社会が欠かせない一方で，健全な社会には成功企業が欠かせない。企業としては，CSR 活動を実行する際にすべての社会問題を解決したり，そのコストをすべて引き受けることはできないので，自社事業との関連性が高い社会課題を選択せざるをえないと主張した。

　そこで，ポーターらは，CSR の対象となる社会課題を次の 3 通りに分類した。

---

①　一般的な社会課題（いわば「善良な企業市民」的な活動で事業活動とは大きな関連性がないもの）
②　バリューチェーンの社会的影響には，活動から生ずる悪影響と事業にも社会にも役立つ好影響の二面がある。
③　競争環境の社会的側面（事業展開する国で競争力に影響を及ぼすもの）

　そして，①及び②のバリューチェーンのうち悪影響の回避については「受動的 CSR」と位置付け，②のバリューチェーンのうち事業にも社会にも役立つ好影響及び③を「戦略的 CSR」と整理した。

　そのうえで，今後は「受動的 CSR」ではなく「戦略的 CSR」に向かうべき

だ。戦略的CSRによって「善良な企業市民」「バリューチェーンの悪影響の緩和」にとどまらず，社会と企業との「共通の価値（shared value）」を目指すべきであると結論付けた。

　筆者は，この論文で初めて「共通の価値（shared value）」という概念を提示したことが，その後のCSVにつながったので重要であると考える。また，社会課題を3分類したことはのちにCSVの3方法に結びついた。加えて，CSRの概念に「戦略性」を付与し本業との関連性の強さで受動的CSRと戦略的CSRに分けた点が重要であると評価する（同旨，水尾［2014］）。

(3)　CSVの3つの方法

　続いて，ポーターらは2011年1月のCSV論文（Poter and Kramer［2011］）で，前述のとおり，次のように述べている。

　米国のCSRは，これまで利益を上げた時のフィランソロピー的な活動と捉えられている。しかし，企業経営ではCSRを戦略的に活用すべきである。社会と企業が「共通価値を創造」する方向性をもって事業を行い，社会にとって良く企業にとっても競争力につながるという状況を目指す。このような事業展開が，今後の競争戦略として重要であるとした。

　この「共通価値の創造」（CSV）は，ポーターらによれば，社会価値と経済価値の両立を志向する経営モデルである。CSVではより積極的な本業の遂行で社会課題の解決に挑み，非営利活動では行えない規模と持続可能性の実現を目指す。そして，それこそが次世代の競争優位を生むものであると主張する。

　CSVを実現するために示した，①製品，②バリューチェーン，③クラスターの3つの方法（way）は次のようなものである（以下，CSVの「3つの方法」）。2011年論文では，CSVを取り入れた活動を行っている欧米の事例として，ネスレ社，GE社，Google社などが取り上げられている。

　①製品のCSVは，自社が有するシーズを活かしつつ，社会的課題の解決を目指す。この方法により，新たな商品やサービスが生まれる。この場合，自社の内部環境を分析して自社の強み・弱みを認識する一方，自社を取り巻く外部環境，特に競合企業に対する強みも認識しておく必要がある。企業が様々な形で外部からの刺激を受けつつ新たな製品開発を目指すために，社会課題に目を

向ける考え方である。社会的課題に関する情報収集と課題についての分析も不可欠であり，課題についての洞察力も必要である。

　②バリューチェーンのCSVは，バリューチェーンの個々の部分（原料調達，製造，販売，消費など）や全体を見直すことにより，これまでとは違った付加価値の高い商品・サービスを開発することができるという方法である。バリューチェーン分析による競争戦略はポーターのそれまでの研究の中核の1つであり，これをCSVに応用したものである。

　③最後のクラスターのCSVの代表的事例は，コアになるICT企業の進出に伴いその周りに関連企業が集積したシリコンバレーである。また，自動車産業などの主力企業がある場合に，自動車部品関連産業が周りに配置され，相互に刺激し合って自動車産業コミュニティができる。これらを意識的にクラスターとして形成していくことにより付加価値が高まるという考え方である。

　この3つの方法については，現実には，複数を兼ねていたり，すべてを実行している場合も多い。従って，追って分析する事例では，「主として」どれに分類されるかという整理で考えていく。また，忘れてはいけないのは，いずれの方法でも，特に，バリューチェーンのCSVで，CSV活動を支える基盤としてのガバナンス，コンプライアンス，人権配慮，人事・財務マネジメントなどの項目が重要で，基本となる。

2 ┃ CSV をめぐる賛否

(1)　CSV の有用性

　CSV論文が出た後，多くの研究者らが分析している。

　ポーターらの考えの変遷について分析した黒木［2013］は，ポーターらが企業と社会的課題の関係性を初めて論じたのは1990年に入ってからで，特に環境規制が技術革新やコスト削減などの競争優位につながることに注目した。そして，2008年のリーマンショックが契機となりCSV提唱に結実したと結論付けている。また，ポーターらの研究の系譜と時代背景を整理するとCSVはポーターらにより初めて提示された概念ではなく（同旨，福沢［2017］），「CSV」

という言葉の初出はネスレ社が2006年に発行したラテンアメリカでの事業の分析報告書（Nestlé [2006]. The Nestlé concept of corporate social responsibility.）であると指摘する。

　CSV の経営上の有用性については，CSV のコンセプトと国内外の企業事例の分析（赤池他 [2013]），日本の「三方良し」との関連から分析した日本企業の CSV の研究（笹谷 [2015]）などがある。また，名和 [2015] は，ポーターらの CSV 理論を発展させて，日本企業の強みを生かした「日本型CSV」（J-CSV）を提唱し，近藤 [2017] は CSV 経営と SDGs 政策の両立事例を分類し，多様な主体間での連携のための情報共有の在り方について分析した。

　CSV はもともとネスレ社での実践からヒントを得ていたこともあって，産業界をはじめ多くの賛同者が生まれた。日本でもこの考え方を採用している企業は数多い。キリンホールディングス，セイコーエプソン，日本電気，ファーストリテイリングなど，グローバルに展開する企業が続々と CSV の概念を経営に取り入れた。

　政府の文書でも，『中小企業白書2014』が中小企業に焦点を当て大企業に比べて経営資源の乏しい中小企業が CSV に取り組む意義や具体的な成功事例などを紹介した（「第3部　中小企業・小規模事業者が担う我が国の未来」の「第5章　第3節　社会価値と企業価値の両立」参照）。

　筆者としては，上記の理論的進化の過程も踏まえると，CSV には次のような経営上の有用性があると考える。

　①第一に，CSV は，フィランソロピーの戦略的活用，戦略的 CSR，そして，「共通価値の創造」という新たな概念に到達した概念構築の進化に特色がある。

　当初のフィランソロピーは，最近減少傾向にあるとはいえ，事業の成功者や収益を上げた企業に対し関係者から期待されている活動である。そのフィランソロピーの戦略的活用という提言は，企業と社会の接点を考えるうえで重要な刺激になった。

　ポーターらは，2006年の論文でこれを進化させ，CSR に戦略性という表現をつけた。しかし，「収益を目指す CSR」といった誤解を招きかねないので，2011年論文で「共通価値の創造」という新概念を導入したと考えられる。新概念をつくり出したことは社会と企業の関係を考えるうえでの示唆を与えた。

　②第二に，社会課題と企業の「本業」との関連性についての考察に特色がある。3本の論文に共通しているのは，企業価値と社会価値を両立させるためには，本業との関連性が重要であるという指摘である。

　③第三に，企業が対処すべき社会課題に関する考え方に進化がみられる。フィランソロピーでは寄付型の社会貢献として地域社会への学習プログラムの提供等が事例とされていた。戦略的 CSR では，社会課題を3つに分類し，戦略性を加味すべき分野の特定を試みている。CSV では，これをさらに発展させ，CSV の3つの方法を明示し，事例もそれまでの論文よりも幅広い分野から取り上げている。この結果，Crane et al.［2014］が言うように，CSV の強みと重要性は，研究者のみならず多くの実務家の関心を呼んだ。

　CSV を要すれば，自社の本業の強みを活かし社会課題の解決をねらうことで他社とは異なるユニークな競争戦略を描くことである。現下の様々な社会課題への要請を強めているステークホルダーからの支持も得やすい。特に本業の強みと結びつけたことが経営上重要である，などの特色がある。

　以上から，筆者は，CSV は企業経営に有用であり競争戦略として改めて見直す価値が高いと考える。

(2)　CSV の弱点や批判

　経営上有用な理論である CSV には，一方で発表後様々な批判を生んだ。

　その1つがポーターらの2011年の CSV 論文で，「今や CSR の時代ではない」，「CSR から CSV へ」という形で CSV をクローズアップしたことから波及する根源的議論である。この「CSR から CSV へ」という示し方は，もはや CSR は不要だと言っているという誤解を招いたと考えられる。

　ポーターらの CSV の提示の仕方について，Beschorner et al.［2017］は，最近 CSV は流行語のようになっているが，ポーターらが，あえて CSR はフィランソロピーであるという限定した定義をする一方，CSV をより大きな考えのように見せた点を問題視する。このアプローチは研究の誠実性を損なう。彼らは，過度に経済的視点から企業を捉え，社会的課題を倫理的な重要性という視点ではなく企業が経済的に成功するための手段と捉えており，CSV は資本主義の再構築に過ぎないと批判した。

Crane et al.［2014］は，CSV という考えは多くの実務家と研究者の間で評判を呼んだ一方で，CSV というコンセプトは責任あるビジネス活動に求められる緊張感やビジネス・コンプライアンスに意を用いておらず，企業の社会における責任についての狭い理解に立っているなどの重大な欠点があると批判。これに加え，CSV はかなり限定的に CSR の先行研究をレビューしたものであり，研究者として不誠実であると述べた。

さらに，倫理学的視点から CSV が取り組む社会課題が不明確であるとの批判も多い。Rendtorff［2017］は，ポーターらの考えは，資本主義と自由主義の視点の下で戦略的なフィランソロピーと CSR を発展させたものであると理解でき，社会に目を向けているが利益を念頭に置いた CSR に向かっていると指摘する。

Donaldson［2014］も，CSV の目指す社会価値と企業の価値の「同時」実現という考えは，「同時」の意味が問題だ。社会課題は複雑であり，企業価値とのバランスをとることができない社会価値も多いので，単純に割り切りすぎた考え方である。企業価値の手段のための社会価値の訴求というフレームは，社会に出ると多くの困難な課題に接するビジネススクールの生徒にとっても指導上良くないとの危惧も示している。

次に，CSR の研究の歴史との関連で CSV を見てみよう。

CSV は社会的価値と経済価値の同時実現を目指すものとして提起された。

これは，ミルトン・フリードマンが Friedman［1962］で主張した，「『株主利益の最大化』を背景とした企業の社会的責任消極論」（水尾［2018］）への挑戦でもある。Friedman［1962］は，企業は社会貢献や倫理問題に関心を払うのではなく，本業により得意分野である経済活動と利潤最大化にのみ注力すべきである。企業経営者の使命は株主利益の最大化であり，それ以外の社会的責任を引き受ける傾向が強まることほど，自由社会にとって危険なことはない。企業の最終所有者は株主である。企業が慈善活動などで寄付する行為は，株主が自分の資金の使い道を決める自由を奪うことになる，といった基本的考えを示した。

一方，Carroll［1979］のいわゆる「CSR ピラミッドモデル」も想起される。

CSRの責任領域を「経済的責任」「法的責任」「倫理的責任」「裁量的責任」の順に区分した。経済的責任と法的責任はその遂行が必須であり，社会貢献活動などの裁量的責任は企業の判断で行いうるものである。この中間に位置する倫理的責任が，義務ではないが近年では法令以上の倫理的責任を果たすことであり，その後ISO26000などで体系化されたCSRにつながっていくと理解される。

　Hartman et al. [2013] は，CSVの考えに賛意を示すものの，ポーターらはCSR研究の蓄積を無視しCSRを「時代遅れ」の概念であると特徴付けたことに不快感を示した。自社にとって経済的便益をもたらすような関係者だけが企業のステークホルダーではないのであり，CSVでは社会における企業の役割が限定的すぎると批判した。また，Denning [2011] は，ポーターらはCSRについて風刺的なとらえ方を前提にしたもので，資本主義の正しい修正とはいえず，偽りの修正に過ぎないとして，CSVの発想が依然として株主資本主義から抜け出せていないと指摘した。

　このように，CSVの提唱者であるポーターらの研究姿勢などへの批判やCSV論文の中でのCSRの解釈が限定的・恣意的であるとの指摘がある。CSVに対する見解の分類などの先行研究は大塚 [2018] が詳しい。

(3)　ISO26000のCSRとCSVの関係

　これらの，CSVについての基本的な批判については，筆者は次のとおり考える。

　ポーターらのCSVは，フィランソロピー的なCSRの概念から脱却して本業への好影響をねらうための主張である。ポーターらは，「今やCSRの時代ではない」といって，CSRを意図的にフィランソロピーのCSRとして狭く理解した上で新概念のCSVを提起した，との指摘は正しいと筆者も考える。ただ，筆者は，むしろ，CSV論文の直前の2010年11月にISO26000が発行されて世界標準ではフィランソロピーのCSRから本業CSRに切り替わっていたこととの関連の方が気になる。

　ポーターらがISO26000の国際合意をどのように評価しているのか，また，その策定・発表を意識して2011年の論文をISO26000発行のわずか2か月後に発表したのかどうかは定かではない。しかし，時系列でみれば，国際標準ISO26000により，CSRの定義がポーターらが言ったフィランソロピー型の

CSR ではなくなったので，既に議論の前提が変わっていたのである。

　この部分を指摘する研究は少ないので，ここでは ISO26000 との比較で CSV を見ておく。

　まず，両者の適用対象を見ると，CSV は当然企業を対象として，経営的視点から企業の競争力の強化のための本業による活動と捉えられている。一方，ISO26000 はすべての組織を対象につくられたものであり企業戦略のためのものではない。両者のねらいは，CSV は企業の経営戦略を主眼としているのに対し，ISO26000 は組織統治，人権，労働慣行，公正な事業慣行などマルチステークホルダーの関心を反映し，ガイダンスを提示するものであるという違いがある。

　また，CSV でも組織統治，人権，労働慣行，公正な事業慣行といった項目についても当然の前提としていると考えられるが，ポーターらの論文ではこれらについて明示的なガイダンスを与えていない。この点は，ISO26000 を活用する必要がある。

　両者ともに，本業とバリューチェーンを重視している点は共通している。

　さらに，ISO26000 は国際合意のある世界標準であるのに対し，CSV はポーターらアカデミックからの提唱であるという違いもある。

図表 3 - 1　ISO26000 と CSV の比較

対比項目	CSR（ISO26000）	CSV（ポーターら）
適用対象	すべての組織に適用	企業に特化
ねらい	組織統治，人権，労働慣行，公正な事業慣行などマルチステークホルダーの関心を反映し，ガイダンスを提示	経営の競争戦略論に由来。組織統治，人権，労働慣行，公正な事業慣行などのガイダンスを与えない
価値論	組織・ステークホルダー・社会の価値共有	企業と社会の共通価値創造
考え方の本質	本業を重視 バリューチェーンを重視	企業経営を重視，バリューチェーンの生産性を再定義
方法	ステークホルダー・エンゲージメントを重視	製品・バリューチェーン・クラスターの3つの方法を提示
活用動向	世界標準・国内標準となり，デファクト・スタンダードへ	企業経営者の関心事項となり，経営局面での活用

（出所）　筆者作成

52

　以上の CSR と CSV の対比を整理すると，**図表 3-1** のようになる。

　このように見ると，CSR と CSV は対象範囲や目的などが違うので，「相互補完関係」にある。ISO26000による本業 CSR を念頭に置けば，「CSR から CSV へ」ではなく，ISO26000による「CSR と CSV の併用」が必要である。「ISO26000による本業 CSR」により 7 つの中核主題に対処しつつ，経営戦略として「CSV を活用する」といった形で両方を経営に取り入れる必要があると考える。

　なお，CSV の企業での活用については，ポーターらがヒントを得たネスレ社のモデルがよく知られている。ネスレ社はもともと社会課題解決型の経営戦略を描いており，ベースにサステナビリティを置き，その中から重要課題を抽出して，社会課題にも対処し経済価値も目指す共通価値の創造の戦略を示している。ネスレ社の場合は，2017年頃までは，栄養，水，農村開発の 3 点を CSV の重要課題として示していた。本業 CSR を進め，基盤となるガバナンスやサステナビリティ関連事項を ISO26000の CSR 体系で整えたうえで，経営上の重要事項（マテリアリティ）を抽出し，CSV 戦略を加味していくという示し方になっていた（例えば，2017年レポート[1]，なお，現在は CSV をさらに進化させている）。

図表 3-2　CSR と CSV の関係のイメージ

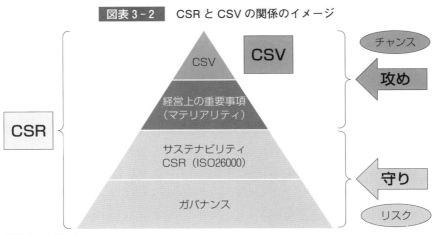

（出所）　筆者作成

これはモデル的な整理であるので，筆者なりに概念図にすると，**図表 3 - 2** のような三角形になる。本業 CSR を進め，基盤となるガバナンスやサステナビリティ関連事項を CSR として遂行する。この部分は，リスク回避もねらう，いわば「守り」の活動だ。そのうえで，経営上の重要事項（マテリアリティ）を抽出し，一番上の CSV として実行する項目を決める。この部分は，いわば「攻め」といえるであろう。

なお，ISO26000による本業 CSR の定義では，三角形すべての活動が CSR である。このように企業は CSR と CSV の両方を使う戦略が必要だ。

⑷　CSV を採用する企業と日本での反応

海外での CSV への批判は，研究者としての姿勢や CSR 概念のとらえ方の問題に加え，要すれば，「CSV が目指す社会課題の不明確さ」「メソッドとしての弱点」のほか，企業の都合が前面に出すぎるという「CSV の発信面での弱点」が指摘されている。

日本でも研究者らから基本的にはこれらの 3 つの弱点が指摘されている。

社会課題の不明確性やメソッドの弱さの指摘（佐藤他［2013］）や CSV は利益創出という経済的成功を達成する新しい方法であると示唆する一方で，企業の目的は利益創出そのものではなく共通価値の創造であると述べているなど，社会的価値のとらえ方とメソッドに弱点がある（岡田［2012］）との指摘がある。

また，発信面の弱点として，名和［2018］は，企業が CSV を発信しても，その課題が企業の主観で選定されており，真の社会課題とは理解されにくい。また，社会価値を題材にしつつ利益向上を図ることを主眼にする CSV は未だ20世紀的なモデルから脱していないので新たな成長企業の法則を探るべきである。CSV は利益追求型のモデルから脱しておらずいまや企業の志（パーパス）をしっかり示した新たな成長方法を探るべきであるとした。

このように CSV のメソッドと発信面での弱点が指摘されている。

3 ┃ SDGs による CSV の弱点の補強

⑴　CSV の弱点の補強に役立つ SDGs

　ここまで，CSV には，サステナビリティが求められる中で経営上の有用性を確認できたが，一方で，CSV には，大別すれば，①社会課題のとらえ方の不明確性，②メソッドの弱さ，③発信での説得性の弱さの 3 点の弱点が提示されていることが明らかになった。

　CSV の経営上の有用性を生かし，その弱点を乗り越えることを目指す研究もある。特に，日本企業の強みを生かした「日本型 CSV」（J-CSV）のあり方を示したもの（名和［2015］）や CSV という経済価値と社会価値の両方をにらんだ考えは資本主義への警戒感の高まりに対し資本主義の復権を狙って20世紀型のモデルを超えようとする試みであるとの指摘（名和［2018］）も CSV の弱点を克服していく視点として重要である。

　筆者は，このような視点に加え，国連で策定された SDGs は社会課題についての国際的な共通言語であるので，CSV の社会課題のとらえ方の不明確性を克服するツールとして活用できる可能性があるとの視点で検討したい。

　そこでまず，CSV と SDGs の関係性について考察する。前述のとおり，SDGs の企業向けの導入指針である SDG コンパスには，CSV が影響を与えている。SDG コンパスでは，SDGs の17目標と169のターゲットは，企業から見れば，ビジネス・チャンスである一方，リスク回避にも使えるリストであるととらえることが要点である，とされている。つまり，SDGs をこの両面でバランスよく使うことにより，チャンス面では他社より先駆けて社会課題対処を行い経済価値の実現と競争優位につなげることができる。一方，SDGs に示された社会課題に関するリスク回避を行えば企業価値の毀損を防ぐことにつながる。

　チャンス面でもリスク回避面でも SDGs を活用することで社会課題が明確化される。結果として，SDGs 活用により CSV を，いわば「バージョンアップ」できる（図表 3 - 3 ）。

　SDGs を盛り込んだ2030アジェンダでは企業の本業力によるイノベーション

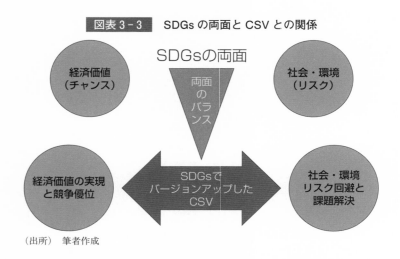

図表3-3　SDGsの両面とCSVとの関係

SDGsの両面

経済価値
（チャンス）

社会・環境
（リスク）

両面
の
バランス

経済価値の実現
と競争優位

SDGsで
バージョンアップした
CSV

社会・環境
リスク回避と
課題解決

（出所）　筆者作成

での課題解決への期待が明示されている。企業とSDGsの関連で重要なことは，SDGsの前身のMDGsとは違い，SDGsでは企業の役割がクローズアップされていることである。これは，複雑な課題解決には企業の本業力によるイノベーションが不可欠であるという考えによる。

　企業のSDGs活用では，「CSVとして推進する」という明確な意識を持つことが要諦である。

　このように企業がCSVで取り組もうとする社会課題をSDGsの目標と関連付けることにより，社会課題を明確化できることに着目したい。CSVとして取り組もうとする社会課題をSDGsの目標やターゲットに当てはめれば，企業がどのような社会課題に対処しようとしているかが明確化できる。

　SDGsに言及せずに社会課題に取り組んでいくと，それは企業の事情で選定した課題であり主観的だと批判を招きやすい。これまで，CSVでは，ポーターらがネスレ社をはじめ彼らが手掛けたケーススタディから立論していたので，社会課題のとらえ方における主観性を否定しにくかった。この点を補強できるところがSDGs活用の最も重要な点である。

⑵　CSV 推進から見た SDGs 導入の効果

そこで，SDGs を活用することの企業にとってのメリットを CVS 推進の視点で，SDG コンパスなどを参照しつつまとめると次のような効果が期待される。

効果①：社会課題の客観化

まず，SDGs 活用により取り組む課題が客観化され，新たな「価値の創造」につながる。

SDGs が達成されるならば，労働生産性の向上や環境負荷低減等を通じた外部経済効果も考慮すると，2030年までに年間12兆ドル（約1,320兆円）の新たな市場機会が生まれるとの試算もある（世界経済フォーラム（ダボス会議）：「ビジネスと持続可能な開発委員会報告書2017」）[2]。将来のビジネス・チャンスの見きわめの面では，SDGs の17目標と169ターゲットが示唆を与える。課題に他社に先駆けて取り組めば競争優位に立つ。

これまで，CSV の実践を行う場合には，社内検討などで社会課題のとらえ方が各部署ごとに主観的になりやすかったが，SDGs に当てはめれば客観的な議論を進めやすい。

例えば，再生可能エネルギーの技術を持っている会社では，SDGs ができる前は再生可能エネルギーの重要性について理論構築する必要があった。今は，SDGs 目標7「（クリーン）エネルギー」が17目標の1つになっているので，それを示すだけで，社会的重要性について社内議論を進めやすい。また，社外に対し SDGs 目標7に取り組むとの発信を行えば，SDGs がなかった時代に比べ対外的訴求力が高まる。

効果②：リスク回避

SDGs は，ビジネス・チャンスを示す一方，世界におけるリスク事項も列挙している。人権リスク，環境リスク，法令リスク，調達リスクなどであり，これらのリスク回避は CSV 推進のうえで重要である。

すでにリスク管理を体系化している企業でも，世界共通言語である SDGs を使ってリスク管理項目の見直しを行うことができる。例えば，目標5「ジェンダー」では，日本では女性活躍推進が重要テーマであるが，女性・女児の虐待は決して許さないというターゲットはリスク管理事項だ。国内のみならず，自

社のグローバル・サプライチェーン全体で該当がないか，早急にチェックが必要となるであろう。

　また，SDGs は，目標16で「平和・公正」を重視している。ルール順守は CSV における市場創出や健全な市場の育成につながる。企業ではコンプライアンスなどが該当する。

効果③：社員のモチベーションの向上

　SDGs には社員のモチベーション向上効果がある。社内で SDGs という共通言語が浸透すれば，社員がどの社会課題に取り組んでいるかわかるのでモチベーション向上につながる。また，社内で SDGs の共通認識が醸成されれば，各部署が同じく SDGs に取り組んでいるという意識からセクショナリズム打破にもつながる。

　このように，広範な効果が見込まれる SDGs を経営に導入すると，組織内変革と意識改革が進む。2030アジェンダのタイトルには「我々の世界を変革する」とある。まさに SDGs により社内にも変革が起こることが重要な経営効果である。

効果④：ステークホルダーと目的の共有

　SDG コンパスで示された SDGs 導入手順を参考にすれば，一定のメソッドを得ることができる。また，SDGs を共通言語として使用して取引先や NGO／NPO などのステークホルダーとも目的の共有ができ，関係者との連携も深まり，社会課題解決型のイノベーションが生まれやすい。むしろ，今後は SDGs のネットワークに入らなければ様々な連携に立ち遅れていくという危険性がある。

　今後，国際機関や政府が SDGs 関連の政策を打ち出し，ますます世界共通言語としての性格が強まっていくので，SDGs を経営に入れ込めば新たな政策展開に即応できる。日本でも，政府の SDGs 推進本部による「SDGs アクションプラン」が毎年発信され，各府省庁から SDGs 関連政策が次々と打ち出されている。内閣府地方創生推進事務局は「SDGs 未来都市」として，2018年から2023年の 6 年で合計182自治体を選定した。このように政策面で SDGs が主流となる中で，新たな政策展開に対して企業として早急な対応ができる。

効果⑤：発信効果

　SDGs は発信面で効果が高く，コミュニケーション・ツールとして役立つ。吉高［2018］も，SDGs を企業経営のコミュニケーション・ツールとして活用することが重要であると指摘する。SDGs の17目標を示すだけで，ピクトグラム（絵文字）やバッジの視認性の高さもあり，世界中でどの社会課題に対処しているかが伝わる。これまで日本企業は，独自の表現で，自社の取り組みを世界に発信してきているが，世界的に通用する訴求力を有する企業は残念ながらあまり多くない。

　よくある意見として，「すでに自社には創業以来の経営理念があり幅広く世の中に伝わっているので，改めて SDGs など不要である」というものがある。では，その日本企業の理念は世界的に伝わっていると言えるであろうか。そうであれば，いまさら SDGs はいらないかもしれない。しかし，残念ながら，世界に通用するという観点から見ると，日本企業は一部を除きグローバル企業に対し見劣りがするのは否めない。

　社会課題に向き合う長寿企業も多い日本企業こそ，SDGs をうまく使い世界に通じる方法で発信していくべきだ。SDGs により，企業の持続可能性に関する認知が向上し，CSV と結びつけて SDGs を経営に組み込めば，企業のサステナビリティへの対応が効果的に伝わっていく。

(3)　進化型 CSV へ

　このような広範な効果のある SDGs を経営に導入すると，前述した CSV の3つの弱点を克服できる可能性がある。

　弱点①である「社会課題のとらえ方の不明確性」については SDGs を当てはめることで，将来のビジネス・チャンスの見きわめと企業のリスク管理の強化の両面で，世界的な社会課題に対処していることが明確になる。

　SDGs 未導入の場合は，独自に取り組もうとする社会課題の説明をしなければならず，対外に対し課題についての客観性が弱い。また，社内でも，SDGs を使えばコンセンサスの形成効果があり，社員モチベーションの向上にも役立つ。要すれば，CSV における社会課題が対外的に明確化し，かつ，社内のコンセンサス形成の面でも容易化効果が生まれる。

弱点②の「メソッドの弱さ」については，ステークホルダーとの関係の強化，新たな政策展開への対応といった，外部との接点強化を意識してつくられたSDGコンパスを的確にカスタマイズして自社にあった具体的メソッドを構築していけばCSVのメソッドの弱さを補強できる。

　弱点③の「発信での説得性の弱さ」については，世界共通言語としてのSDGsを使うことで企業の持続可能性に関する認知の向上効果により，グローバルに発信性を強めることができる。また，SDGsによる効果的な発信は，投資家等への好影響や関係者連携の拡大につながる。

　以上のとおり，SDGsを的確に経営に入れ込めば，SDGsにより明確化された社会課題の解決と経済価値の同時実現につながるCSVとなり，CSVの3つの弱点を克服できると筆者は考える。

　そこで，本書では，「SDGs活用により，社会課題の明確化とメソッド面・発信面での強化を図ることで従来型CSVの弱点が克服されたCSV」を目指し，これを「進化型CSV」と呼んできた。ここで，改めて「進化型CSV」を次のとおり定義する。

　①　SDGs活用により，社会課題の明確化とメソッド面・発信面での強化を　　図り従来型CSVの弱点を補強するCSVであること

　②　具体的には，CSV推進に当たり，社会課題の明確化，重点課題の抽出，　　目標設定，経営への統合，発信のプロセスにおいてSDGsを活用すること

　以上を実践する経営を「進化型CSVに基づくSDGs経営」と呼ぶ。

4 ｜「進化型CSVに基づくSDGs経営」の具体的方法

(1)　SDGコンパスの活用

　「進化型CSVに基づくSDGs経営」を進めるにあたり，SDGコンパスが参考になる。ただし，SDGコンパスは，その「謝辞」によると，GRI，国連グローバル・コンパクト及びWBCSDの関係者が力を合わせて作成されたもので，企業向けの導入指針として幅広く活用されているものの，国際合意のある文書

というわけではない。

　また，SDG コンパスに記載のとおり，「SDG コンパスは大きな多国籍企業に焦点をおいて開発された。中小企業，その他の組織も，新たな発想の基礎として，必要に応じて変更し，この指針を使用することが期待される。指針は，企業レベルで使用されるものとして作成されているが，必要に応じ，個々の製品や拠点，部門レベル，さらには特定の地域レベルにおいても適用できる」（コンパス 5 ページ）というように，カスタマイズが推奨されている。

(2)　SDGs 経営ガイドからの示唆

　日本企業については，経済産業省の「SDGs 経営ガイド」のもとになった「SDGs 経営／ESG 投資研究会報告書」（2019 年 6 月 28 日）が参考になる。伊藤邦雄・一橋大学大学院経営管理研究科特任教授を座長とし，日本を代表する一部上場企業の社長や学識経験者の委員で構成された研究会による成果物である。

　SDGs 経営を実践するためのポイントを，①社会課題と経済合理性，②重要課題（マテリアリティ）の特定，③イノベーションの創発，④「科学的・論理的」な検証・評価，⑤長期視点を担保する経営システム，⑥「価値創造ストーリー」としての発信の 6 つの側面で整理した。

　同報告書によれば，SDGs 経営ガイドは，「研究会での委員やゲストの発言を引きつつ，そこから得られたメッセージを凝縮して示す形をとった」。経済産業省によるガイドである性格上，政策提言的な側面が強い。また，委員として参画した企業の SDGs 経営の事例紹介も盛り込まれているが，政府報告書という性格上，各社の内容を深く分析したケーススタディではない。また，企業がどのように ESG と SDGs との関係性を整理するかの具体的なマニュアルではない。

　一方，SDGs 経営ガイドは重要課題（マテリアリティ）の特定の方法や発信に当たっての「価値創造ストーリー」の重視などの視点を日本企業向けに示しているので参考になる。

(3) 進化型 CSV に向けた SDG コンパスのカスタマイズ

　SDG コンパスや SDGs 経営ガイドという先行指針も参考にして,「進化型 CSV に基づく SDGs 経営」のための要素を洗い出す。

　特に日本企業は, もともと「三方良し」や類似の経営理念を掲げる企業が多い一方, 発信面が弱いなどの特性があるので, SDG コンパスを日本企業向けにカスタマイズしていく必要がある。本書では, CSV の弱点を補強するという視点から SDG コンパスの 5 つのステップごとに, SDGs の使い方に焦点を当て, 次のとおりカスタマイズを行う。

① 「第 1 ステップ：SDGs を理解する」

　SDGs で CSV が対処する社会課題を明確化できる。そのためには, SDGs の 17 目標と 169 のターゲットを正しく理解することが前提になる。トップから現場まで社内理解の浸透が必要だ。自社の CSV のねらいを SDGs で明確化すれば社内コンセンサスも形成しやすく, 世界的な社会課題と自社の活動を関連させれば社員モチベーションを向上させる効果も高い。

② 「第 2 ステップ：優先課題を決定する」

　SDGs の目標を自社の強みと結びつけて CSV 活動にする最重要のステップである。SDGs を共通言語として使用することで, 経営上の重要事項という意味での「マテリアリティ」の特定やそれを客観的に示していくうえでも効果がある。

③ 「第 3 ステップ：目標を設定する」

　SDGs の 232 のグローバル指標も参照して活動の目標設定を行う。グローバル指標が使いにくい場合は対外説明ができるような独自の目標を設定する。できるだけ本業に寄せて KPI を設定することがポイントだ。

④ 「第 4 ステップ：経営へ統合する」

　企業のパーパスや経営理念と SDGs を関連させて, SDGs 経営ガイドが推奨するように, 企業のビジネスモデルの特性を生かした「価値創造ストーリー」を作る。それに即して中長期計画や事業計画の中に SDGs と紐付けた CSV 活動を位置付け, 経営資源のヒト・モノ・カネ・情報などを割いていくステップであり, 経営全体に関係する。

⑤　「第 5 ステップ：報告とコミュニケーションを行う」

　統合報告書の発行，HP の作成や関係者との対話などを通じて進化型 CSV に基づく SDGs 経営について発信する。発信効果により取引先や NGO/NPO などと目的の共有ができる。また，関係者との連携も深まり，社会課題解決型のイノベーションにつながる。SDGs の共通言語としての世界への強い発信性を生かすことにより，CSV の取り組みがどの SDGs 目標に貢献するのかが客観的に関係者に伝わりやすい。また，投資家を含めたステークホルダーからの企業評価を上げる効果につながる。SDGs マークやロゴなどによる認知性の高さもこの効果を高める。

　日本企業では，特に，社外への発信性の弱さや社内コンセンサス形成の難しさといった特性がみられるので，日本向けにカスタマイズが必要なステップである。このため，本書では発信面の強化と社内の巻き込み効果が高い SDGs 経営支援ツールとして，第 5 章で「ESG/SDGs マトリックス」を導入する。

(4)　「進化型 CSV に基づく SDGs 経営」の要素

　以上の結果を SDG コンパスの「ステップ」と混同しないよう，「進化型 CSV に基づく SDGs 経営」に必要となる「要素」という表現でまとめると次のとおりになる。要素 4 の経営への統合はすべてを包含する部分であるので最後に回し要素 5 とする。

〈「進化型 CSV に基づく SDGs 経営」の 5 要素〉
要素 1：SDGs による CSV の社会課題の明確化
要素 2：SDGs による CSV の重点課題の抽出
要素 3：SDGs による CSV の目標設定
要素 4：SDGs と関連付けた発信
要素 5：SDGs を活用した経営戦略の構築

　この 5 要素により，SDGs の共通言語としての特性を生かせば，

①　社内コンセンサス形成
②　イノベーションと競争優位という経済価値
③　投資家等への訴求や連携の強化

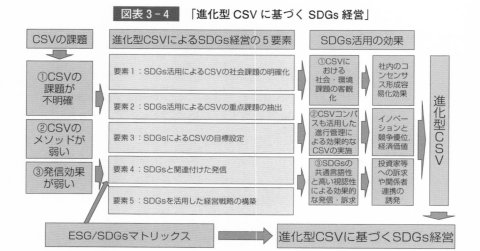

図表 3 - 4   「進化型 CSV に基づく SDGs 経営」

CSVの課題	進化型CSVによるSDGs経営の5要素	SDGs活用の効果	
①CSVの課題が不明確	要素1：SDGs活用によるCSVの社会課題の明確化	①CSVにおける社会・環境課題の客観化	社内のコンセンサス形成容易化効果
②CSVのメソッドが弱い	要素2：SDGs活用によるCSVの重点課題の抽出	②CSVコンパスも活用した進行管理による効果的なCSVの実施	イノベーションと競争優位、経済価値
③発信効果が弱い	要素3：SDGsによるCSVの目標設定	③SDGsの共通言語性と高い視認性による効果的な発信・訴求	投資家等への訴求や関係者連携の誘発
	要素4：SDGsと関連付けた発信		
	要素5：SDGsを活用した経営戦略の構築		

進化型 CSV

ESG/SDGsマトリックス → 進化型CSVに基づくSDGs経営

（出所）　筆者作成

といった効果が期待できる「進化型 CSV」を狙える。

　その結果，企業価値の向上と社員モチベーション向上という SDGs 活用の効果を享受できる進化型 CSV に基づく SDGs 経営となる。以上の流れをチャート図にした（**図表 3 - 4**）。

　次に，SDGs による効果が得られるかどうかを検証するため，ここで示した「進化型 CSV に基づく SDGs 経営」の 5 要素の各項目を「分析枠組み」として用いて，事例に当てはめて効果を検証する。

　課題把握，重点課題，目標設定，発信，経営といった 5 要素の流れに応じて統一的に比較し，各社の共通する行動変化や動きの特徴を探る。

　予想としては，SDGs 経営企業では SDGs により CSV の社会課題が明確化する。それにより企業内での認識が統一し，社外には社会課題解決企業であることが明確に伝わる。その戦略に即して「課題設定〜重点課題の選定〜目標設定〜発信〜経営」というプロセスが変化していくのではないか，ということである。いわゆるチャンドラーの「組織は戦略に従う」である。

　このための事例分析を次章で行う。

┌─ 第3章のまとめ ─

○CSV に関しては，競争戦略としての有用性であるとの評価がある一方，弱点として，大別すれば，①社会課題の不明確性，②メソッドの弱さ，③発信力の弱さという3つが指摘されている。

○SDGs 活用により，社会課題を明確化させ，メソッド面・発信面での強化を図ることで従来型 CSV の弱点が補強された CSV となる。これを「進化型CSV」と呼ぶ。

○SDGs の企業への導入効果をまとめた。SDGs は企業にとってのチャンスである一方，リスク回避にも使える。SDGs を活用すれば，この両面で競争優位が実現して，CSV で取り組もうとする社会課題が明確化した「進化型CSV」につながる。そのためには，社会課題の明確化，重点課題の選定，進度管理，発信といった経営の各プロセスに即して SDGs を活用する必要がある。

○SDGs を経営に入れ込むためには，SDG コンパスや経済産業省によるSDGs 経営ガイドがある。SDG コンパスは大きな多国籍企業に焦点をおいて開発されたので，日本企業向けにカスタマイズする必要がある。また，SDGs経営ガイドは行政としての指針であり，企業が使いやすいようにマニュアル化していく必要がある。

○そこで SDG コンパスをカスタマイズして，「進化型 CSV に基づく SDGs 経営」につながるための次の5要素を選定した。

要素1：SDGs による CSV の社会課題の明確化

要素2：SDGs による CSV の重点課題の抽出

要素3：SDGs による CSV の目標設定

要素4：SDGs と関連付けた発信

要素5：SDGs を活用した経営戦略の構築

【注】

1　「共通価値の創造と2017年私たちのコミットメント」より
https://www.nestle.co.jp/sites/g/files/pydnoa331/files/asset-library/documents/csv/2017-nestle-in-society-report-j.pdf（閲覧日：2023.4.20）.
　現在では，ネスレ社は CSV をさらに進化させて，「食の持つ力で，現在そしてこれからの世代のすべての人々の生活の質を高めていきます」という「パーパス」を達成するための手段であるとしている。
https://www.nestle.co.jp/csv/whatiscsv（閲覧日：2023.7.20）.

2 The report of the Business & Sustainable Development Commission「BETTER BUSINESSBETTER WORLD」, 12ページ
　　http://report.businesscommission.org/uploads/BetterBiz-BetterWorld_final.pdf（閲覧日：2023.4.20).

SDGs 経営の支援ツール「ESG/SDGs マトリックス」
──理論編 II

> 本章では，前章で述べた進化型 CSV に基づく SDGs 経営を，さらに加速し SDGs 活用効果を補強するため，筆者の実務経験も踏まえて作ったツールを理論化する。具体的には，SDGs の体系的な経営への入れ込みと ESG と関連付けた対外的発信のための SDGs 経営支援ツール「ESG/SDGs マトリックス」を示す。
>
> ISO26000活用の ESG/SDGs マトリックスを使うと，マテリアリティを含めた効果的な発信につなげ得ることが重要である。
>
> このマトリックスにより，ESG 投資家の開示要求に応え，かつ，SDGs への貢献を効果的に示すことができることを論証する。
>
> 加えて，読者が実際に自社で作成できるように手順も示す。

1 | ESG と SDGs をめぐる課題

　進化型 CSV に基づく SDGs 経営を推進するうえで，SDG コンパスの「第5ステップ：発信とコミュニケーション」（筆者の整理では要素4）が重要である。現在は，ESG 投資と SDGs への貢献のマルチステークホルダーからの要請が急速に高まり，ESG と SDGs の関連性の示し方が焦点である。

　しかし，現状では，ESG と SDGs の関連性の示し方に課題がある。ESG 投資を推進する GPIF が，2017年には，ESG のインデックスとして FTSE Blossom Japan Index，MSCI ジャパン ESG セレクト・リーダーズ指数，MSCI 日本株女性活躍指数の3つを選定し，これに1兆円を振り向けるとした。ところが，GPIF が2017年に ESG インデックスとして採用した2つの指数の構成銘柄（FTSE と MSCI）に関し興味深いデータが示された。2つの ESG スコアをプロットしたところ，ほとんど無相関であった（**図表 4-1**）。

すなわち，一方で高い ESG スコアを得た銘柄が，もう一方の指数では必ずしも高い評価ではないとしている。投資家への情報提供の代表的な調査機関が作成した2つの指数の構成銘柄（FTSE と MSCI）で評価基準が大きく異なっていることが明らかとなり，GPIF も「相関関係を見ると，緩い相関に留まっている」として，この論点がクローズアップされた。

ESG 関連の投資パフォーマンスに関する研究を行った湯山［2019］は，次の通り，課題を分析している。

- ESG に対する取り組みの指標として，ESG 評価会社の提供する格付け等を用いるケースが多いので，その分析結果が ESG スコアの評価方法に大きく依存する。ある評価会社の ESG スコアを用いた分析と，他社の ESG スコアを用いた場合には，同じ期間で同じ企業を対象としても，結果として差異が生じる可能性がある。
- 実際に，GPIF が2017年に ESG インデックスとして採用した2つの指数の構成銘柄（FTSE と MSCI）の ESG スコアをプロットしたところ，ほとんど無相関であった。すなわち，一方で高い ESG スコアを得た銘柄が，もう一方の指数では必ずしも高評価ではない。

筆者は，これに加え，ESG 投資と SDGs への貢献への要請が関連付けられているが，相互がどのような関係にあるのかについて判断する指針がないことが課題であると考える。このように，ESG と SDGs の関連性の理解の仕方と開示方法は，現下の重要課題となっている。

E，S，G それぞれについて何を具体的項目とすべきかについて，現在，様々に国際的議論が行われているが，SDGs と関連付けた指針が示されていない。

この結果，企業から見れば，ESG 対応と SDGs 対応の両面で混乱している。この混乱を回避するには国際的にも通用する，よりどころとなる指針が必要である。そのためには，筆者は，ESG 対応にあたり国際標準である ISO26000を活用して ESG 項目を整理すれば，企業として ESG 投資家に対し国際標準での的確な対応を行うことができるのではないかと考える。

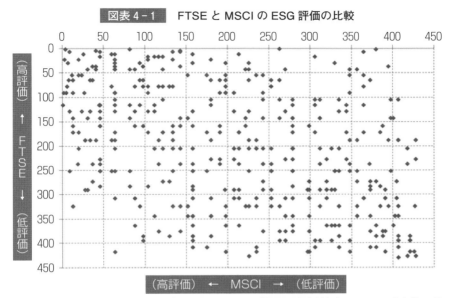

図表4-1　FTSEとMSCIのESG評価の比較

（注1）　分析ユニバース（2016/7時点），FTSE，MSCIが共通して調査対象としている日本企業430社
（注2）　図のプロットは，各評価会社のESG評価の順位（1位〜430位）
（出所）　2017年7月3日GPIFプレスリリース「ESG指数を選定しました」
　　　　https://www.gpif.go.jp/investment/esg/pdf/esg_selection.pdf（閲覧日：2023.4.20）.

2 ｜「ESG/SDGsマトリックス」とは

(1) ISO26000とESG

　企業の非財務活動とSDGsの関係性を分かりやすく示し，かつ，ESG投資家にも訴求できる発信方法として，筆者は伊藤園でCSRの責任役員をしていた2017年に発表し，実際に同社で活用した「ESG/SDGsマトリックス」を理論化してきた。ESG投資家の開示要求に対応し，かつ，SDGsへの貢献も示す効果をねらうものだ。

　まず，E，S，Gの項目立てのためにISO26000を活用する理由は，2010年発行以降すでに10年以上経ち，世界でデファクトスタンダード化が進み，特に

日本では普及率が高いからである。一般財団法人企業活力研究所「企業の社会的責任に関する国際規格の適切な活用のあり方についての調査研究報告書」（2014）によれば，CSRに関する国内外のガイドラインや規格の中では「GRI」「経団連企業行動憲章」及び「ISO26000」を活用していると回答した企業が50％を超え，高い水準となった。

　そこでISO26000とE，S，Gの関連性を明らかにしておく。ESGを，国際合意のあるISO26000の7つの中核主題との関連で整理してみると**図表4-2**の通りである。7つの中核主題の真中の組織統治が「G」に対応し，環境については「E」に対応する。そして，残りの人権，労働慣行，公正な事業慣行，消費者課題，コミュニティ課題の5項目が「S」に対応すると整理することができる（**図表4-2**）。7つの中核主題には合計36個の具体的課題も設けられている。

　これに即して作業を行うと，世界標準規格を活用してESG対応の体系を整えることができる。これまでISO26000を活用してCSRの体系を整えてきた企業ではそれを援用できるので効率的である。

図表4-2　ESGとISO26000の7つの中核主題との関係

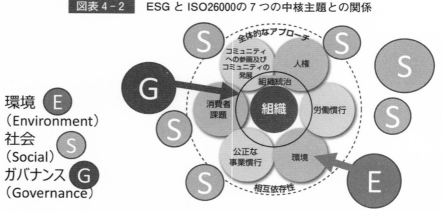

（出所）　筆者作成，ISO26000の図は日本規格協会 JIS Z 26000（2012）より，E，S，Gの当てはめは筆者

⑵ マトリックスver1.0「ISO26000/SDGsマトリックス」

　次に，ISO26000とSDGsの関係性を整理しておく。両者の関係については，ISOが分析している（「ISO26000 and SDGs」[1]）。7つの中核主題の36の課題レベルで，17目標に紐付いている169のターゲットと関係する項目数をカウントして，その数を円グラフの大きさに反映させて両者の関連を分析している。

　この結果を見ると，特にSDGs目標8の「経済成長と雇用」で両者の関係が深い。目標6「水・衛生」や目標14「海洋資源」，目標15「陸上資源」では中核主題の「環境」と関連性が強い。中核主題の「人権」と関連性が強いのは，目標1「貧困」，目標2「飢餓」，目標5「ジェンダー」，目標10「不平等」，目標11「持続可能な都市」などである。「消費者課題」は目標3「保健」や目標12「持続可能な消費と生産」と関連が深い。「組織統治」では目標16「平和・公正」などが関連する。

　このうち，SDGsと最も多くの関連があった「労働慣行」はSDGs目標8「経済成長と雇用」と関係が深く，SDGsのターゲットレベルで対比すると次のようになる[2]。

ISO26000の中核主題の労働慣行		SDGsのターゲットの要点
6.4.3 課題1：雇用及び雇用関係	→	8.5（雇用，働きがいのある人間らしい仕事）
6.4.4 課題2：労働条件及び社会的保護	→	8.7（強制労働，児童労働）
6.4.5 課題3：社会対話	→	目標17「パートナーシップ」
6.4.6 課題4：労働における安全衛生	→	8.8（安全な労働環境）
6.4.7 課題5：職場における人材育成及び訓練	→	8.6（就労，職業訓練）

　このようなISO26000とSDGsの目標との関連性を踏まえ，ISO26000の7つの中核主題の図にSDGsの17目標を当てはめた**図表4-3**を作成した。この図は，「主として」関連するものに当てはめた整理である。目標10「不平等」，目標17「パートナーシップ」などは全般に関連するので組織統治のところに整理した。目標16「平和・公正」は「公正な事業慣行」に当てはめたが，組織統治にも関係する。

　当てはめてみると，SDGsの17目標はISO26000の7つの中核主題のいずれかに関係していることがわかる。

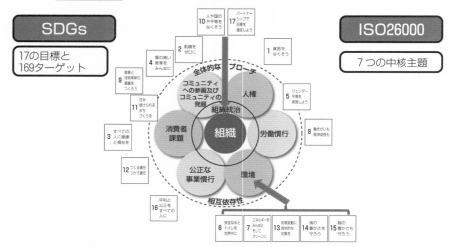

図表4-3　SDGs の17目標と ISO26000の７つの中核主題の関係

（注）　SDGs の各目標は相互関連性と不可分性があるが，理解しやすいように SDGs を ISO26000の７つの中核主題の主に関係あるところに位置付けた

（出所）　筆者作成，ISO26000の図は日本規格協会 JIS Z 26000（2012）より

　次に，ISO26000の７つの中核主題と SDGs の関連性を分析するために，ISO26000の７つの中核主題を横軸の「行」に置き，SDGs の17目標を縦軸の「列」として整理した「ISO26000/SDGs マトリックス」を示す（図表4-4）。７つの中核主題と36の課題を実践するとどの SDGs 目標に関連するかを考え，関連するところに「●」をつけた。

　これにより，ともすれば混乱しがちな，ISO26000と SDGs の関連を１枚のマトリックスでまとめることができる。日本企業では2010年発行の ISO26000の７つの中核主題と36課題での整理を終えている企業が多く，この「ISO26000/SDGs マトリックス」は出発点になりうるものなので「マトリックス ver1.0」と呼ぶ[3]。

　７つの中核主題には図表4-4のとおり36の課題があり，これで企業の非財務情報がおおむね網羅されている。

　例えば，「6.3：人権」の課題は，デューディリジェンス，人権が脅かされる状況，加担の回避，苦情解決，差別及び社会的弱者，市民的及び政治的権利，

図表 4 − 4　ISO26000/SDGs マトリックス（マトリックス ver1.0）

		1	2	3	4	5	6	7	8	9	10	11	12	13	14	15	16	17
6.2 組織統治	組織統治																●	
6.3 人権	課題 1：デューディリジェンス										●						●	
	課題 2：人権が脅かされる状況										●						●	
	課題 3：加担の回避										●						●	
	課題 4：苦情解決										●						●	
	課題 5：差別及び社会的弱者										●						●	
	課題 6：市民的及び政治的権利										●						●	
	課題 7：経済的，社会的及び文化的権利	●									●						●	
	課題 8：労働における基本的原則及び権利								●									
6.4 労働慣行	課題 1：雇用及び雇用関係								●									
	課題 2：労働条件及び社会的保護					●			●									
	課題 3：社会対話								●									
	課題 4：労働における安全衛生			●														
	課題 5：職場における人材育成及び訓練				●													
6.5 環境	課題 1：汚染の予防						●						●		●	●		
	課題 2：持続可能な資源の利用												●					
	課題 3：気候変動の緩和及び							●						●				
	課題 4：環境保護，生物多様性，及び自然生息地の回復														●	●		
6.6 公正な事業慣行	課題 1：汚職防止																●	
	課題 2：責任ある政治的関与										●							
	課題 3：公正な競争										●							
	課題 4：バリューチェーンにおける社会的責任の推進																●	
	課題 5：財産権の尊重																	●
6.7 消費者課題	課題 1：公正なマーケティング，事実に即した偏りのない情報，及び公正な契約慣行																●	
	課題 2：消費者の安全衛生の保護				●													
	課題 3：持続可能な消費			●									●					
	課題 4：消費者に対するサービス，支援，並びに苦情及び紛争の解決										●						●	●
	課題 5：消費者データ保護及びプライバシー										●						●	●
	課題 6：必要不可欠なサービスへのアクセス										●						●	●
	課題 7：教育及び意識向上				●													
6.8 コミュニティ	課題 1：コミュニティへの参画											●						
	課題 2：教育及び文化				●													
	課題 3：雇用創出及び技能開発		●						●									
	課題 4：技術の開発及び技術へのアクセス									●								
	課題 5：富及び所得の創出	●							●									
	課題 6：健康			●														
	課題 7：社会的投資											●						
		1	2	3	4	5	6	7	8	9	10	11	12	13	14	15	16	17

（出所）　筆者作成，図中の，6.1，6.2などのナンバリングは ISO26000 での整理番号である。ISO26000 は JIS Z 26000（2012）より

経済的・社会的・文化的権利，労働における基本的原則及び権利の8つである。これらは日本政府が定めた「責任あるサプライチェーン等における人権尊重のためのガイドライン」（令和4年9月，ビジネスと人権に関する行動計画の実施に係る関係府省庁施策推進・連絡会議）の項目をおおむねカバーしている。

ISO26000は本業CSRの体系であるので，これを社内の推進体制に当てはめるとほぼ全部署に関連する。このように，本業CSRにより，企業活動全体が体系化されていくので，ISO26000は経営にとって効果が高い。このため，ISO26000をベースとして活用すればSDGsやESGにも的確に対処できる。

また，ISO26000は，企業を含めた組織の社会的責任の遂行の仕方に関してガイダンスを与えているが，2030年という目標年次が設定されているSDGsとは異なり，目標年次はない。7つの中核主題は2010年時点で洗い出された内容であり，これに2030年を目指したSDGs目標を当てはめると，ISO26000の普遍的な体系に2030年という年次が設定された目標が追加されることになる。

(3) マトリックス ver2.0「ESG/SDGs マトリックス」

SDGsについては，日本では投資サイドがけん引し，ESGと表裏の関係でSDGsが取り扱われていることが現下の特徴であると述べた。また，ESGの具体的な項目立てが，調査会社により異なっていることについても触れた。

そこで，ISO26000とSDGsを関連させた「マトリックス ver1.0」をESG投資家にも訴求しやすい形に改造するにはどうするかを考察する。

① ESG項目の洗い出し

「マトリックス ver1.0」の行に示した7つの中核主題とESGの関係については，先の**図表4－2**「ESGとISO26000の7つの中核主題との関係」に示した通り，組織統治が「G」であり，環境は「E」である。そして，残りの人権，労働慣行，公正な事業慣行，消費者課題，コミュニティ課題の5項目が「S」である。便宜上，企業統治の「G」を最初にし，組織統治と関連性が高い「公正な事業慣行」は「G」のそばに置く。そのため公正な事業慣行，人権，労働慣行，消費者課題，コミュニティ課題の順に記載する。「G」の直後に「S」を，環境「E」を最後に記載する。結果的にG，S，Eの順番になっているが内容面での違いはない。なお，Gは全てに関係するので，SやEにも細線を引

いている。

　ISO26000を使えばESG関連項目は国際標準の体系に即して整理される。ESGの具体的な項目の洗い出しを7つの中核主題及び36個の課題を基本として行う。

　ただし，この作業にあたっては，ISO26000策定の2010年以降の動きを加味して作業を進める。組織統治については，日本でのコーポレートガバナンス・コードなど2010年以降に策定された規律がある。環境に関しては，2015年のパリ協定と2021年のグラスゴー気候合意による「カーボンニュートラル対応」などが加味すべき項目の代表例である。

② **SDGsとの関連付け**

　次に，マトリックスの列にSDGsの17目標を置いて，ESGの各項目が遂行されれば，どのSDGs目標に寄与するかをマッピングしていく。マッピングにあたり，直接的に貢献する項目には「●」，間接的に関係するものには「○」をつけるなどのウエイト付けを行う。これにより，ESGの各活動がどのSDGs目標に寄与しているかが一目でわかる。これをイメージ図にしたものが**図表4-5**である（なお，このマトリックスのESG対応項目は，飲料企業を念頭に作ったプロトタイプである）。

　このISO26000活用による「ESG/SDGsマトリックス」（**図表4-5**）を「マトリックスver2.0」と呼ぶことにする。

　この図表の左から3段目の「ESG重要課題」と記載している欄には7つの中核主題を細分化した項目がおよそ26項目記載されている。これはマトリックスのイメージのための例示であり，実際は各業界や企業でカスタマイズして作成する。

　具体的には，ESGの専門機関である，SASB（米国サステナビリティ会計基準審議会）が作っている業界ごとの評価項目，GPIFが選定したESG投資インデックスの評価項目や他の有力な調査機関の評価項目も加味して作業を行う。

　現在，気候変動を中軸に様々な開示ルールの策定作業がISSB（国際サステナビリティ基準審議会：International Sustainability Standards Board）などで進んでいる。そのルールが決まれば，これらの項目も的確にマトリックスに反映させていく。それにより，マトリックスの行がESGの対応項目として投

図表4-5　ESG/SDGsマトリックス（マトリックス ver2.0）

ESG	7つの中核主題	ESG重要課題	1	2	3	4	5	6	7	8	9	10	11	12	13	14	15	16	17
G	組織統治	コーポレートガバナンス																●	●
		リスクマネジメント											●					●	
		コンプライアンス										○						●	
	公正な事業慣行	公正な取引の遵守										●						●	
		サプライチェーンマネジメント										○		●					
S	人権	人権の尊重	○				○			●		○							
	労働慣行	人事・福利厚生			●	●	●			●		●							
		従業員の健康・安全			●	●				●									
		人材育成				●				●		●							
		ダイバーシティ				●	●			●									
	消費者課題	製品の品質と安全性												●		○			
		健康価値（健康と栄養性）			●							○							
		製品のパッケージング情報公開			●									●					
		製品の求めやすさ				○						○							
		公正なマーケティングと広告												●				○	
		個人情報の保護																○	
	コミュニティへの参画及びコミュニティの発展	コミュニティと人権課題	●										●					●	
		コミュニティと地域活動				●							●	○					○
		コミュニティと産業育成		●						●	○		○	●					○
		コミュニティと環境・文化				●		●					●		○	●	●		
		コミュニティの震災復興支援											●						○
E	環境	気候変動							●				●	●					
		省エネルギー推進							●				●	○					
		生物多様性の保全															●		
		水の管理						●						●					
		廃棄物とリサイクル							●		○			●					

（注）　●印は主に関連するSDGs，○印は関連するSDGs
（出所）　筆者作成

資家のチェックに耐えうる内容になってくる。

　この作業をしてみるとSDGsの貢献項目の多い部分と少ない部分が業界や企業によって異なってくる。例えば，健康・医療系の企業はSDGs目標3「健康」が多いであろう。インフラ系の企業はSDGs目標11「持続可能な都市」が多くなる。

　SDGsは17目標・169ターゲットと数が多く企業の活動との関連性が把握しにくいという面があるが，このマトリックスであれば企業の活動体系に即した形で整理ができる。

　また，この整理は，SDGsの一部のみ特記すると生じやすい批判的反応，いわゆる「SDGsウォッシュ」批判，つまりSDGsの取り組みのうち自社にとって都合の良いところだけ開示し，実は他のSDGsへの対応を怠るなどのバランスを失した対応への批判を防ぐ効果もある。

このようにISO26000に対応したESG整理を行うことにより，国際標準のISO26000による優れた体系を生かすことができる。あわせてSDGsへの貢献を示すことができる。筆者は，このマトリックスは関係者との「コミュニケーション・ツール」としての効果が大きいと考える。

なお，筆者の伊藤園での実務経験で，ISO26000によるCSRについても，SDGsについても，ESGについても専門家は多いが，これらを関連づけた企業現場で使いやすい方法が見当たらなかった。そこで，筆者が2017年から提唱している方法が，このISO26000とSDGsのマトリックス整理であった。同社の2017年統合レポート[4]で，ESG/SDGsマトリックスver2.0を採用した。これは，筆者の調査によれば，ISO26000活用のESG/SDGsマトリックスとしては初出の事例である。HPの統合報告アーカイブで見ることができる[5]。

3 ｜ マテリアリティ特定におけるマトリックスの活用

(1)　マテリアリティをめぐる国際的な議論

次に，このマトリックスは網羅的であり，かなり掲載項目が多くなるので，企業側からの視点で「経営上の重要事項」という意味での「マテリアリティ」の特定が重要となってくる。

一方，企業からの情報の受け手，特に投資家からは，企業活動は幅が広いので網羅的な報告ではなく重点を決めた報告をしてほしいという要請が高まり，「報告上の重要事項」も「マテリアリティ」と呼ばれている。

このように，報告する企業側と報告を受ける投資側で，マテリアリティをめぐって，その用語の定義に混乱が見られる。

そこで，世界的に影響力のある持続可能な社会づくりに向けたガイドラインやフレームワークを司る機関が議論した。持続可能な社会づくりに向けたガイドラインやフレームワークを司る機関が集うCorporate Reporting Dialogue（CRD）という国際共同プロジェクトがある[6]。

CRD は，加盟機関で調整し，効率的な情報開示に向けて企業に指針を示すことを目的とする。マテリアリティ設定についても，CRD が重要な役割を担っている。マテリアリティについては，各機関がそれぞれ違う視点から作業し定義も異なるため，企業がマテリアリティの設定を行いにくいという難点があった。

　CRD は，加盟している 8 つの機関がそれぞれ定義するマテリアリティの違いを比較する分析レポート「Statement of Common Principles of Materiality of the Corporate Reporting Dialogue」[7]を発表した（2016年 3 月）。このレポートには，マテリアリティの定義の違いだけではなく， 8 つの機関が考える共通原則についても記されている。

　その結果，要すれば，

- マテリアリティ分析は基本的に定性的なものである
- マテリアリティ特定は経営陣の視点ではなく重要ステークホルダーの視点から行わなければならない

といった点が共通認識とされた。

　このように，マテリアリティとは，企業が優先して取り組む「重要課題」を意味するので，経営にとって，ステークホルダーの意思決定や将来の企業価値を高めるうえで，重要な情報である。

(2)　マテリアリティ設定と CSV

　マテリアリティ設定と CSV の関係は，ポーターらがヒントを得たネスレ社のモデルが参考になる。前述のとおり，ネスレ社はもともと社会課題解決型の経営戦略を描いており，ベースにサステナビリティを置き，その中から重要課題，つまり，マテリアリティを抽出して，社会課題にも対処し CSV の戦略を示している。前述した（53ページ）ネスレ社は，栄養，水，農村開発の 3 点を CSV のマテリアリティとしていた。

　以上から，CSV の重要事項の決定という意味でのマテリアリティの特定または経営上の重要事項という意味でのマテリアリティの特定が重要である。マテリアリティの特定には，自社にとっての重要性のみならず，社会から見た重

要性を比較検証する作業が必要だ。

　マテリアリティには財務への影響に及ぼす事項（財務マテリアリティ）と環境・社会へのインパクトに関する事項（環境・社会へのインパクト・マテリアリティ）という二側面がある。

　最近では，マテリアリティについての考え方も変化しつつある。

- **シングル・マテリアリティ**：企業がESGに関する課題から受ける財務インパクトを重視する
- **ダブル・マテリアリティ**：財務マテリアリティだけでなく，環境・社会マテリアリティの両方を重視する立場
- **ダイナミック・マテリアリティ**：社会・環境が変化するのでそれに合わせて流動的に社会状況や科学的知見に応じて，企業戦略を変革させるべきという立場[8]

　いずれの考えを重視するかは，マテリアリティを通じて，企業全体の今後の在り方を表すので，中期経営計画や理念と照らし合わせて作成するだけでなく，投資家や従業員，消費者も含めた様々なステークホルダーとの対話を通じて作成される必要がある。

　重要性の判断にあたり，SDGsができるまでは各社の判断で社会課題の重要度を見るため主観的になることは避けられない。このためステークホルダーの意見を聞くため，よく行われる経営者も参加する「ステークホルダーダイアログ」などが重視される。

　しかし，SDGsが策定された現在は，社会から見た重要性については共通言語であるSDGsを活用すれば，客観的に社会から見た重要性の判断に役立つ。

　この作業の結果，

- 企業にとっても社会にとっても重要な事項
- 企業にとってはそれほど重要ではないが社会から見ると重要な事項
- 逆に，企業にとって重要であるが社会的にはそれほど重要ではない事項

に分かれてくる。

　この作業に関連して，よく見るのが**図表4-6**のような整理図である。この図は社会への貢献度と企業としての重要度の2軸で整理するものである。

　しかしながら，実際の企業の現場では，このように単純に物事が決められる

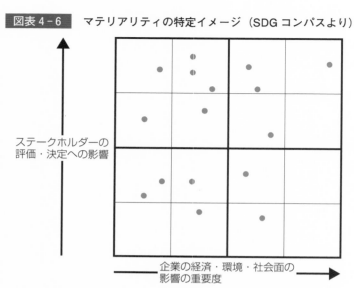

図表4-6　マテリアリティの特定イメージ（SDG コンパスより）

（出所）　SDG コンパス「実例：マテリアリティ（重要性）を基準にした優先
SDGs 報告事項のマッピング」より，一部加工（日本語版 27ページ）

わけではない。また，このような重要度の判断に当たっては，企業の非財務活
動の鳥瞰図を頭に置いたうえで抽出しなければ的確な企業戦略にはならない。
さらに，現在要請の高まっている，SDGs への重点的な取り組みの内容と関連
付けてマテリアリティを抽出していく必要があるが，社会への貢献度と企業と
しての重要度の2軸だけではそのような全体像が見えにくい。そこで，これを
補完するために，「ESG/SDGs マトリックス ver2.0」を活用していくこととす
る。

(3)　マトリックスによるマテリアリティの特定，KPI，責任体制

「ESG/SDGs マトリックス ver2.0」を活用すれば，企業の活動を SDGs と関
連付けたうえで，マテリアリティの選定に役立てることができる。
具体的には，マトリックスを見れば，当該企業がどの SDGs に大きく貢献し
ているかがわかる。例えば，**図表4-5** の中で SDGs 関連の「●」印がどの
SDGs に多いかを見てみる。この事例では，目標3「保健」，目標8「経済成

長と雇用」，目標12「持続可能な消費と生産」に「●」印が多い。そこで，この３項目に囲みの印をつけてみると（**図表 4 - 7**），これが SDGs から見た場合のマテリアリティの「候補」となる。このようにマトリックスはマテリアリティ特定にも役立つツールとなる。

　次に，マトリックスの行の各項目に KPI（Key Performance Indicator：重要業績評価指標）を定める。SDGs の本業重視の流れから，できるだけ本業と関連の深い KPI とすることが重要だ。KPI の設定は数値的なものが望ましいが，難しい場合は定性的なものでもよい。その成果を定期的に報告して PDCA サイクルで進化させる。

　さらに責任役員または責任部署を定めておくと責任体制が明らかとなり，組織内での意思統一と対外的なコミットメントにつながるので推進力が強まる。

図表 4 - 7　**図表 4 - 5 のマトリックスへの KPI，責任役員の追加**

ESG	7つの中核主題	ESG重要課題	KPI	責任役員	1	2	3	4	5	6	7	8	9	10	11	12	13	14	15	16	17
G	組織統治	コーポレートガバナンス																		●	●
		リスクマネジメント										●								●	
		コンプライアンス												○						●	
	公正な事業慣行	公正な取引の遵守										●								●	
		サプライチェーンマネジメント										●				●				○	
S	人権	人権の尊重			○				○			●		●							
	労働慣行	人事・福祉厚生			●	●	●					●		●							
		従業員の健康・安全					●					●									
		人材育成						●				●									
		ダイバーシティ							●			●		●							
	消費者課題	製品の品質と安全性					●									●			○		
		健康価値（健康と栄養性）					●							○		●					
		製品のパッケージング情報公開					●									●					
		製品の求めやすさ					○							○		●					
		公正なマーケティングと広告																		○	
		個人情報の保護																		○	
	コミュニティへの参画及びコミュニティの発展	コミュニティと人権課題			●										●						
		コミュニティと地域活動						●							●	○					○
		コミュニティと産業育成					●					●			○	○					○
		コミュニティと環境・文化								●					●	●	●	●			○
		コミュニティの震災復興支援													●						○
E	環境	気候変動									●					●	●				
		省エネルギー推進									●					●	○				
		生物多様性の保全									●							●			
		水の管理								●						●					
		廃棄物とリサイクル								●	○					●	●				

（注）　●印は主に関連する SDGs，○印は関連する SDGs　　※縦の丸囲みはマテリアリティ項目の候補
（出所）　筆者作成

そこで，マトリックスに各項目の KPI と責任役員を記入する欄を設け，**図表4-7** に太枠で示した。

4 「マトリックス ver3.0」：SDGs ターゲットレベル

　現在では，日本企業でも SDGs との対応関係については，169のターゲットレベルでの当てはめが進んでおり，今後のマトリックスではターゲットレベルで示していくことで，より効果的に SDGs への取り組みを発信できる。そこで，マトリックス ver2.0を進化させ，「●」「○」で示した部分を SDGs のターゲットレベルで作成する。これを「マトリックス ver3.0」と呼ぶ。

　このマトリックスは，イメージを持つためのいわば「プロトタイプ」として示したものである。

　実際のマトリックスの作成では，各項目の責任役員及び責任部署の協力を仰ぎ全社一丸となって作業にあたる必要がある。可能な限り数値目標の KPI を設定し，その目標と見込まれる成果がどのような財務的な価値にも結びつくかを検討していけば，統合報告書の作成で求められる「統合思考」を加速させる効果も高い。

　企業の活動内容を網羅的に盛り込んでいけば，かなり大部の台帳のような整理になっていく。それを作成したうえで，企業として戦略的に対外的に訴求したい事項を選定し対外発信につなげていくのである。

5 統合報告書と「マトリックス」

　マトリックスは，発信面で重要性が高まっている統合報告書に掲載し，同時に HP でも開示していく。

　統合報告書は，主として株主を意識してつくられるのが基本であったが，最近は様々な関係者に統合報告書一冊（印刷物でない場合もある）で企業活動の全体像を示すものが増えてきた。読者となる関係者の情報ニーズが異なるが，できれば一冊にまとめて発信したいと考える企業が増えている。統合報告書に財務・非財務の情報を網羅的に盛り込むと大部になる。そこで，統合報告書と

は別に，最近では「サステナビリティ報告書」や「サステナビリティ・データブック」と名付けた報告書を出す企業もある。

　また，報告書の発信の仕方についても，冊子にする，ウェブサイトだけにする，冊子はダイジェスト版にするなど，多彩な手法が見られている。ウェブサイトで開示し，関係者ごとに関心事項をファイリングできるサービスを提供する企業もある。SDGsを盛り込む必要もあって，統合報告が多様化し，SDGsに特化したレポートを発行する企業も出てきた。

　発信で重要な点は，どの関係者にどの情報を提供しコミュニケーションをしていくか，という戦略である。統合報告書に盛り込むべき情報については，ISO26000が次のような7つの基本点を示している。

　①完全である，②理解しやすい，③関係者の関心に敏感である，④正確である，⑤バランスが取れている，⑥時宜を得ている，⑦入手可能である，の7つである。

　ESG/SDGsマトリックスはこれらの要件のうち，特に，「②理解しやすい」を満たしている。

6 SDGs経営の支援ツール「ESG/SDGsマトリックス」

(1)　「ESG/SDGsマトリックス」の進化（ver1.0, ver2.0, ver3.0）

　本章では，ISO26000を参照しSDGsとの関係性に焦点を当てた「ISO26000/SDGsマトリックス」から，「ESG/SDGsマトリックス」に進化させた過程を示し，このESG/SDGsマトリックスはマテリアリティ選定にも活用できると述べた。

　ESG/SDGsマトリックスは，対外発信面と社内での意思統一面の両方に効果がある。進化型CSVに基づくSDGs経営の5要素全体の強化につながるが，特に要素4の発信，SDGコンパスの「第5ステップ：報告とコミュニケーションを行う」というプロセスに寄与する。

　このように「ESG/SDGsマトリックス」はSDGs経営のための支援ツール

となるものである。特に，「ver3.0」はSDGsへの本格的取り組みを反映するので社内外での訴求力が最も高いマトリックスのバージョンである。

これまでに紹介したマトリックスを整理すると次のとおりである。

マトリックスのバージョンの整理

① マトリックス ver1.0「ISO26000/SDGs マトリックス」：マトリックスの原型

② マトリックス ver2.0「ESG/SDGs マトリックス」：ESG 対応も訴求。○，●などでのウエイト付け

③ マトリックス ver3.0「ESG/SDGs マトリックス」：169のターゲットレベルで整理

---

(2) SX 推進にも役立つ「笹谷マトリックス」

このうち，まずは，ver2.0から整理することでも効果があるが，最も有用性と訴求力の高いver3.0が望ましい。筆者は，これらを「笹谷マトリックス」（SDGs 経営支援ツール）として推奨している。

現在，「企業のサステナビリティ」（企業の稼ぐ力の持続性）と「社会のサステナビリティ」（将来的な社会の姿や持続可能性）を同期化させることが重要になっている。そのための企業と投資家の対話やエンゲージメントを行っていくことが必要である。経済産業省では，こうした経営の在り方，対話の在り方を，「サステナビリティ・トランスフォーメーション（SX）」と呼び推進している[9]。「笹谷マトリックス」はこの SX の推進のために役立つツールでもある。

第4章のまとめ

○本章では，前章で述べた進化型 CSV に基づく SDGs 経営を，さらに加速し SDGs 活用効果を補強するため，筆者の実務経験も踏まえて作ったツール「ESG/SDGs マトリックス」を紹介した。

○ESG 投資にもマルチステークホルダーにも的確に対応するためには，ESG と SDGs の関係性について鳥瞰できる手法が必要である。しかるに，ESG と SDGs の関係性を整理する方法がないため，ESG 投資家や調査機関では両者

の関係性の理解に混乱が見られる。また，ESG 投資家の開示要求や幅広いステークホルダーに対する SDGs への貢献を効果的に示せていない現状にある。

○そこで，その解決方法として，筆者としての考えを発信してきた「ESG/SDGs マトリックス」を理論的に整理した。

具体的には，SDGs の体系的な経営への入れ込みと ESG と関連付けた対外的発信のための SDGs 経営支援ツールとして「ESG/SDGs マトリックス」を紹介した。

○ESG/SDGs マトリックスは，ISO26000を活用するもので，マテリアリティ特定を含めた効果的な発信につなげるために有益である。このマトリックスにより，ESG 投資家の開示要求に応え，かつ，SDGs への貢献を効果的に示すことができる。また，その作成手順についても紹介した。

○マトリックスのバージョンを整理すると，次のとおりである。

① 　マトリックス ver1.0「ISO26000/SDGs マトリックス」：マトリックスの原型

② 　マトリックス ver2.0「ESG/SDGs マトリックス」：ESG 対応を訴求。○，●などでのウエイト付け

③ 　マトリックス ver3.0「ESG/SDGs マトリックス」：169のターゲットレベルで整理

このうち，まずは，ver2.0から整理することでも効果があるが，最も有用性と訴求力の高い ver3.0が望ましい。筆者は，これらを「笹谷マトリックス」（SDGs 経営支援ツール）として推奨しており，SX 推進にも役立てることができる。

【注】

1 　https://www.iso.org/files/live/sites/isoorg/files/store/en/PUB100401.pdf（閲覧日：2023.4.20）.

2 　6.4.3，6.4.4などのナンバリングは ISO26000での整理番号である。

3 　これは筆者が発表してきた「マトリックス ver2.0」の基礎となるもので，笹谷秀光（2020）．「SDGs と ISO26000の関連性に関する一考察─SDGs を活用した新たなサステナビリティ・マネジメント体系のために─」『日本経営倫理学会誌』，No. 27，pp. 321-330. でも示している。

4 　https://ssl4.eir-parts.net/doc/2593/ir_material_for_fiscal_ym3/128425/00.pdf（閲覧日：2023.4.20）.

5 　伊藤園統合レポート2017より
　https://www.itoen.co.jp/ir/library/report_backnumber/（閲覧日：2023.7.20）.

6 　加盟しているのは次の 8 つの機関であった。

CDP：Carbon Disclosure Project

CDSB：Climate Disclosure Standards Board（気候変動開示基準委員会）

GRI：Global Reporting Initiative

IASB：International Accounting Standards Board（国際会計基準審議会）

IIRC：International Integrated Reporting Council（国際統合報告評議会）

ISO：International Organization for Standardization（国際標準化機構）

SASB：Sustainability Accounting Standards Board（米国サステナビリティ会計基準審議会）

FASB：Financial Accounting Standards Board（米国財務会計基準審議会）

7 Corporate Reporting Dialogue ホームページ
http://sirse.info/wp-content/uploads/2016/04/Statement-of-Common-Principles-of-Materiality.pdf（閲覧日：2023.7.20）.

8 5つの基準設定団体（CDP，CDSB，GRI，IIRC，SASB）がこの考えを2020年9月及び12月に公表したレポートの中で，「ダイナミック・マテリアリティ」というコンセプトを提示。

9 「サステナブルな企業価値創造に向けた対話の実質化検討会中間取りまとめ〜サステナビリティ・トランスフォーメーション（SX）の実現に向けて〜」2020年8月28日

■ 第5章

「進化型 CSV に基づく SDGs 経営」の効果
——事例編

　本章では，前章でまとめた「進化型 CSV に基づく SDGs 経営」の5要素を分析枠組みとして SDGs を推進する複数の日本企業に当てはめて，企業価値の向上と社員モチベーションの向上という SDGs の効果を享受し得るかどうか効果検証を行う。その結果は各企業で参考にできる。

　様々な業界の日本企業の参考となるよう，複数ケーススタディとした。事例選定は，政府によるジャパン SDGs アワード受賞企業などの日本企業を中心として，業界もできるだけ幅広く選び，ポーターらが示した CSV の3つの方法に即して事例を選定し，マトリックス作成事例も取り上げる。

　読者にとっての参考事例が見つけやすいよう，各事例企業の見出しに簡潔な特色を記してある。事例の取り組みの一部を応用することも可能である。

　事例分析では，SDGs 活用前後の変化が分かるようにして，効果を浮き彫りにした。「取り組みの概要」「SDGs 経営の視点からの分析」「SDGs 導入前後の変化の視点からの分析」の3点で共通に比較する。

---

1 ┃ SDGs 効果を検証するための事例一覧

(1)　効果検証の方法

　事例分析では，CSV の3つの方法（①製品，②バリューチェーン，③クラスター）及びマトリックス作成事例をカバーする複数ケーススタディ法を用いる。事例企業は，政府の SDGs 推進本部によるジャパン SDGs アワード（2017年度開始）の受賞企業を中心に内外で評価の高い企業を取り上げる。

　選定事例を比較検証するため，第3章の分析枠組みの5要素を再確認する。

〈「進化型 CSV に基づく SDGs 経営」の 5 要素〉
要素 1：SDGs による CSV の社会課題の明確化（以下，「①課題把握」と略す）
要素 2：SDGs による CSV の重点課題の抽出（以下，「②重点課題」と略す）
要素 3：SDGs による CSV の目標設定（以下，「③目標設定」と略す）
要素 4：SDGs と関連付けた発信（以下，「④発信」と略す）
要素 5：SDGs を活用した経営戦略の構築（以下，「⑤経営」と略す）

　具体的には，事例企業について，「取り組みの概要」「SDGs 経営の視点からの分析」「SDGs 導入前後の変化の視点からの分析」の 3 つに分けて記述する。

　「取り組みの概要」では，CSV 活動を中心に記載する。主な事例では，SDGs の 5 原則にも触れる。

　「SDGs 経営の視点からの分析」では，上記項目①〜⑤の検証結果を記載する。これにより各事例の SDGs の効果を見る。

　「SDGs 導入前後の変化の視点からの分析」では，効果測定のため SDGs 導入前後の統合報告書の比較を行う。各社の2015年の SDGs 策定後の統合報告書と SDGs 策定前の報告書の比較で統一的に行う。報告書に第三者意見が付されている場合はその内容を紹介する。

　マトリックス作成事例では，その作成効果について浮き彫りにする。

(2)　事例一覧

　事例は，政府の「ジャパン SDGs アワード」の受賞企業を主軸に取り上げる。それは，政府の SDGs 推進本部が優れた取り組みであると評価し，比較的情報量やヒントが多いからである。

　同アワードの第 1 回（2017年）の表彰団体は12で，うち企業は，外務大臣賞のサラヤと住友化学，特別賞（SDGs パートナーシップ賞）の吉本興業株式会社と伊藤園の 4 社であった。その後の受賞企業は幅広くなっている[1]。

　このほか，世界のサステナビリティ企業を選定する Global100，日本経済新聞社が発表した SDGs 企業ランキング[2]，第35回日経企業イメージ調査[3]，東洋経済新報社「ESG 企業ランキング」[4]と同「CSR 企業」ランキング TOP500社[5]，日本経営品質賞[6]なども加味して選定する。非上場企業や特色ある中堅・中小

企業も選定する。企業連携等に特色のあるシダックスグループを加えた。

また，進化型 CSV に焦点を当てるので，ポーターらによる CSV の 3 つの方法に即して事例を選定する（**図表 5 - 1**）。

図表 5 - 1 　事例一覧

CSV の方法	事例	ジャパン SDGs アワード受賞の有無等	業種
①製品の CSV	住友化学 サラヤ トヨタ自動車 横川電機 大建工業 セイコーエプソン※	ジャパン SDGs アワード ジャパン SDGs アワード 2019年，2020年 Global100 2019年 Global100 日本経済新聞社 日本経済新聞社	化学 日用品製造 自動車 電機 素材 製造
②バリューチェーンの CSV	伊藤園 大川印刷 ミヤギ モスフードサービス※	ジャパン SDGs アワード ジャパン SDGs アワード 業界団体代表企業 日経企業イメージ調査	食品 印刷業 文具販売 外食
③クラスターの CSV	滋賀銀行 NTT ドコモ KDDI シダックスグループ SOMPO ホールディングス※ 肥後銀行※ NEC ネッツエスアイ※ 熊谷組※	ジャパン SDGs アワード 日本経済新聞社 日本経済新聞社 企業連携 東洋経済新報社 日本経営品質賞 日本経済新聞社 東洋経済「CSR 企業」ランキング TOP500社	金融 ICT ICT サービス業 損保 金融 ICT 建築

（注）　※はマトリックスでも紹介する企業
（出所）　筆者作成

事例分析にあたっては，各社の HP やジャパン SDGs アワードに関する受賞時の政府 SDGs 推進本部からの発信資料も参照する。実際に筆者が役員として勤務した伊藤園に加え，経営層へのインタビュー等で各社統合報告書などで発信されているものも参照する（いずれも関係者の肩書は対応日現在のものである）。

ISO26000活用の ESG/SDGs マトリックスは汎用性が高く，投資家や金融機関のみならず，取引先，消費者，入社希望者など幅広い関係者の関心に応え得

るSDGs経営支援のツールである。この効用を理解し，SDGs経営企業のうち，マトリックスを採用してESG/SDGsの関係を発信する企業が増えている。

ISO26000活用による「ESG/SDGsマトリックスver2.0」の提示は筆者が作成の責任役員であった「伊藤園統合レポート2017年」が最初の事例である。

セイコーエプソンは2018年にターゲットレベルの「ESG/SDGsマトリックスver3.0」を最初に打ち出し，その後も進化させている。SDGs経営企業のうち，筆者がマトリックス作成の監修をさせていただいた事例は次のとおり幅広い業界に広がっている。

モスフードサービス（外食業），SOMPOホールディングス（損害保険他），NECネッツエスアイ（ICT業），熊谷組（建設業），スカパーJSATホールディングス（衛星，メディア），DCMホールディングス（小売業），KNT-CTホールディングス（旅行業），NEXCO東日本（高速道路事業），日本道路（道路整備），ミルボン（美容業），日本調剤（調剤薬局事業）。非上場企業の事例として日本製紙クレシア（日用品）とYKK AP（建設資材等）を取り上げる。

(3) SDGsの「規定演技」と「自由演技」

事例分析に入る前に，SDGs活用上の重要な視点を述べる。

第一は，目標の相互関連，つまり「リンケージ」を意識する必要がある。また，企業の強みを生かし，いわば「テコの力点」のように働くキーポイントという意味での「レバレッジポイント」が重要である。事例の分析では，著者なりにこれを示していく。

第二は，17目標と169ターゲットを正しく理解し自社の活動に当てはめを行う必要がある。これはいわば「規定演技」である。これを行えば，日本のような先進国での企業では多くのターゲットが関連する。これを速やかに終えるべきだ。

次に，実力のある企業は，自社として重点を選び戦略的にアピールする，いわば「自由演技」を行うことが求められる。ただし，SDGsは国連193か国の世界合意の範囲にとどまるので，SDGsでは活動内容を当てはめきれない場合もある。

例えば，よく企業から聞かれる要素は，「美」「うるおい」「快適」「感動」

「癒し」といった先進国の企業が訴求する要素だ。一応,「2030アジェンダ」では前述のとおり「well-being」が明記され,目標 3「保健」は英語のロゴでは「good health and well-being」なので読めないことはないが,ターゲットまで落とし込まれていないので,現在の SDGs では少し無理があるかもしれない。

このような場合は,よく見る SDGs の17目標を列記した図版の17番目の隣が空いているので,いわば「18番目の目標」として「自由演技」の項目を立てる。そして今後の SDGs の改善提案につなげていくべきだ。

このように経営マターとして,規定演技と自由演技を組み合わせて整理して発信していくのである(**図表 5 - 2**)。

図表 5 - 2　　**SDGs は経営マター:SDGs の自由演技と規定演技**

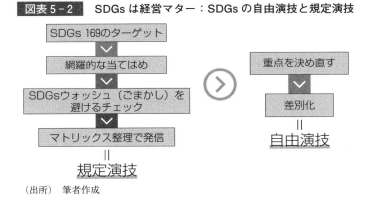

(出所)　筆者作成

以下,事例編では,CSV の 3 つの方法(①製品,②バリューチェーン,③クラスター)の順,続いて,マトリックス作成事例の分析を記述する。

2 | 製品 CSV の SDGs 経営の効果

(1)　住友化学:MDGs 時代から化学品で内外で高い評価

(取り組みの概要)

国内外で幅広く評価されている SDGs 経営の代表的事例である。第 1 回ジャパン SDGs アワード外務大臣賞の受賞理由は次のとおり。

同社はMDGs以前から継続してマラリア対策に取り組んできた。同社が開発した長期残効型蚊帳「オリセット®ネット」は，樹脂加工技術と殺虫剤に関するノウハウを融合した製品。機能性と安全性に対して高い評価が得られ，2001年にはWHOから推奨を受けている。この事業を通じて，感染症対策のみならず，技術の無償供与，工場設置による雇用創出，地域の教育支援，ジェンダー平等などの幅広い分野で，経済・社会・環境価値の統合的向上に貢献。「進化型CSV」として，アフリカをはじめ世界での同社の評価を不動のものにしている。国内でも，アワード受賞後に発信性をさらに高め，「SDGsといえば住友化学」と，メディア露出の機会も多い。

　社内浸透の面で参考になるのは，2014年から毎年実施しているグループ役職員参加型イベント「グローバルプロジェクト」。専用ウェブサイトを設置し，「仕事を通じたSDGsへの貢献」に関する各自の思いや決意を投稿したり，SDGsに関連したクイズを実施することで，経営トップから一般社員までの一体感を醸成している。

　経営戦略面では，持続的な価値創出のためのマテリアリティ（経営上の最重要課題）を特定，KPIを設定し，的確に進行管理している。経営資源配分面でも，中期経営計画やトップメッセージにおいてSDGs達成に貢献しうる分野を明確に位置付けている。

　発信面では，統合報告書「住友化学レポート」やデータ集「サステナビリティデータブック」などの内容を毎年充実させることで，ESG投資家にも十分配慮した価値創造ストーリーを提供している。

（SDGs経営の視点からの分析）

　①課題把握では，社長が委員長を務めるサステナビリティ推進委員会が設置され，トップから社員までのSDGs理解の浸透が進んでいる。SDGs策定直後から，主なセグメントとSDGsを関連付け，かつ，責任役員も明示されており，推進体制が明確である（「住友化学レポート2021」）[7]。また，SDGsをテーマに取り上げた「グローバルプロジェクト」は，社内のすべての関係者を巻き込む活動で実績も上がった。2016年から2018年までの3年間で，参加人数延べ6万257人，投稿数延べ2万2,804件に上り，同社グループのサステナビリティ推進に役立った。

②重点課題は，すべて SDGs のターゲットレベルで示されている。環境分野への貢献（13.3，7.3，9.4，12.5），食糧分野への貢献（2.1，2.4），ヘルスケア分野への貢献（3.3，3.4），ICT 関連分野への貢献（8.2）など本業そのものが並ぶ。

重要課題では，「社会価値創出に関する重要課題」と「将来の価値創造に向けた重要課題」の二本柱にしている。前者の事例では，「オリセット®ネット」は重要課題の1つである「ヘルスケア分野への貢献」に該当し，目標3「保健」のターゲット3.3「感染症などの防止」を掲げ，KPI を熱帯感染症対策資材により熱帯性感染症から守られた人数に設定して，2019年約4億人，2020年約4.1億人，2021年約4.4億人との同社算定の実績も示している。後者の事例は，イノベーションの促進，DX による競争力強化，人材：DE&I，育成・成長，健康などである[8]（**図表 5 - 3**）。

③目標設定では，重要事項には KPI が設定され的確に進行管理されている。

④発信では，同社の統合報告，ウェブ情報が充実しており，すぐにもマトリックス整理は可能な状況にある。

⑤経営では SDGs を経営の根幹に据えて，「住友化学レポート」には価値創造ストーリーを SDGs と関連付けている。また，「サステナビリティ・データブック」やウェブサイトでは SDGs をターゲットレベルに関連付けており，説得性の高いものになっている。

（SDGs 導入前後の変化の視点からの分析）

住友化学は，SDGs 導入前の2015年 CSR レポートでは，MDGs への言及はあるが本業遂行というより途上国の発展や社会貢献を強調。第三者意見で竹ケ原啓介氏（株式会社日本政策投資銀行　環境・CSR 部長）は，「事業戦略と一体的に語られる CSR を，各論とどう結びつけるかについては，なお改善の余地がある」と指摘した。SDGs 導入後は，この懸念を払しょくし，2019年4月にスタートした中期経営計画（2019〜2021年）で，「経済価値，社会価値の両方を創出し，住友化学の持続的な成長とサステナブルな社会を実現する」と CSV を明確に打ち出している。

社外的には，SDGs アワード外務大臣賞を受賞したほか，FTSE4Good Index Series，FTSE Blossom Japan Index，MSCI ジャパン ESG セレクト・

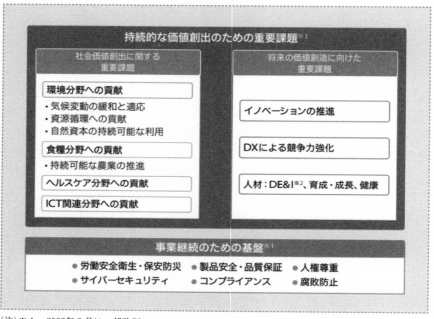

図表 5 - 3 (1) 住友化学のマテリアリティ

■ 持続的な価値創出のための重要課題と事業継続のための基盤

(注)※1 2022年3月に一部改訂
　　※2 ダイバーシティ，エクイティ＆インクルージョン
(出所) 住友化学『サステナビリティ・データブック2022』[9]

リーダーズ指数，MSCI 日本株女性活躍指数（WIN）など主要な ESG 評価を
網羅している。同社代表取締役社長（当時・現会長）の十倉雅和氏は経済産業
省の「SDGs 経営／ESG 投資研究会」の委員であった。このように，内外で
評価を高めている「進化型 CSV に基づく SDGs 経営」の代表的事例である。

(2) サラヤ：非上場企業でいち早く内外で SDGs を発信

（取り組みの概要）

　サラヤは，第1回ジャパン SDGs アワード外務大臣賞で，次のように評価さ
れた。対象商品の出荷額1％をウガンダにおけるユニセフの手洗い普及活動の
支援に当てる「100万人の手洗いプロジェクト」を実施。ウガンダに現地法人

図表 5 - 3(2)　住友化学のマテリアリティ（ヘルスケア分野への貢献）

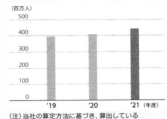

重要課題 ヘルスケア分野への貢献

KPI

熱帯感染症対策資材により守られた人数
オリセット®ネット等の熱帯感染症対策資材の開発・普及を通じて、蚊等（ベクター）が媒介する感染症から人を守る

SDG3.3の達成に貢献
2030年までに、エイズ、結核、マラリアおよび顧みられない熱帯病といった伝染病を根絶するとともに、肝炎、水系感染症およびその他の感染症に対処する。

◆ **熱帯感染症対策資材とは**
マラリアをはじめとする熱帯感染症を媒介する蚊等の防除により、人々をこれらの感染症から予防する製品群です。例としては、オリセット®ネット等の残効性防虫蚊帳や室内残留散布用薬剤などが挙げられます。
　近年、気候変動の影響で全世界的に熱帯感染症の脅威が増しており、その解決策として熱帯感染症媒介蚊の防除資材の重要性が増しています。

◆ **SDG3.3の達成に向けて**
当社は、新しい薬剤の発明・開発に加えて、長年のグローバル開発を通じて培った幅広い技術プラットフォーム（化学農薬・バイオラショナル・ボタニカル等）を組み合わせ、総合的なベクター防除プログラムを提案・普及しています。

◆ **サステナビリティに関連するTopics紹介**
熱帯感染症対策資材に関して、抵抗性を持つ蚊にも卓効を示す長期残効性蚊帳ならびに室内残留散布剤スミシールドのアフリカでの普及を推進しています。

■ **熱帯感染症対策資材により守られた人数**※

（注）当社の算定方法に基づき、算出している
※ 各製品の効果の持続期間中、当該製品を使用することにより熱帯感染症から守られる人数の1年あたりの合計値

（出所）　住友化学『サステナビリティ・データブック2022』

を設立し，現地生産の消毒剤やその使用方法を含めた衛生マニュアルを提供する。

　加えて，持続可能なパーム油（RSPO 認証）の推進や，アブラヤシ生産地の生物多様性の保全に取り組み，消費者へのエシカル消費の啓発も実施。SDGsの目標達成を目指している。

　普遍性では，ウガンダに始まり東アフリカでも衛生向上と共に雇用も創出。包摂性では，「100万人の手洗いプロジェクト」をユニセフの支援を通じて実施。参画型では，医療現場での衛生環境向上のためアフリカ諸国に対してアフリカ製のアルコール手指消毒剤を供給。統合性では衛生への取り組みによる多産多死から少産少死への移行，教育の機会確保，女性の社会進出というサイクルの実現。透明性では取り組みをサラヤの持続可能性レポート等で随時更新，公開。

　このように SDGs の 5 原則をすべて満たす進化型 CSV の代表事例である。

（SDGs 経営の視点からの分析）

　①課題把握ではトップから社員までの SDGs の理解の浸透が進んでいる。

　②重点課題では，SDGs/ESG の観点からサラヤグループの「サステナビリティ推進方針」を制定（2019年5月）。マテリアリティは，世界の衛生向上や環境配慮であり，SDGs と関連させている。

　③目標設定では的確に進行管理している。

　④発信では，「サラヤ持続可能性レポート2022」で，サプライチェーンを通した取り組みをすべてターゲットレベルで SDGs との紐付けて示し（**図表5-4**），これがマトリックスの役割を果たしている。

　⑤経営では，中長期計画やトップメッセージで SDGs を主軸に位置付け，トップが主導して企業評判を高めている[10]。

（SDGs 導入前後の変化の視点からの分析）

　サラヤは，SDGs 導入前の2014年レポートでは，MDGs への言及はあるが本業というより社会貢献的な紹介をしていた。サラヤでの SDGs への言及は早く，すでに2015年秋発行の2015年レポートで，2015年9月に採択予定の SDGs に対しビジネスを通じて対応すると述べていた。

　社内浸透面でも対外発信面でも SDGs 導入後は格段に対外訴求力が増しておりジャパン SDGs アワード外務大臣賞受賞に結実している。SDGs 経営はこれからさらに充実すべきであるが，SDGs 化した結果，内外での訴求力と注目度が格段に上がったとの実感が社内で共有されている[11]。

　発信面では，「100万人の手洗いプロジェクト」などが評価され，更家悠介社長は2019年に「ウガンダ共和国名誉領事」に任命された。

　直近の5年間の売上高は，「コロナ特需」もあり，2019年の500億円台から2020年に760億円，2021年に785億円と大きく伸長している。

　同社は，2023年に「第13回日本でいちばん大切にしたい会社大賞」（人を大切にする経営学会®が主催）で経済産業大臣賞を受賞した。サラヤは非上場であるが，内外で通用する SDGs 経営の代表的事例となっている。

図表 5 - 4　サラヤのサプライチェーンと SDGs

サラヤのサプライチェーンを通した取り組みにおけるSDGsの目標とターゲットのフロー図。SDG3とSDG12が共に4ケ所にあり，次いでSDG15が3ケ所にある。

（出所）　サラヤ Sustainability Report 2022[12]

(3)　トヨタ自動車：関連産業への波及の大きい世界的モビリティ企業へ

（取り組みの概要）

　トヨタ自動車の SDGs 対応を振り返ると，まず，2015年10月，長期目標「トヨタ環境チャレンジ2050」を発表。「バックキャスティング」で2050年を目標年次にした，「新車 CO_2 ゼロチャレンジ」「ライフサイクル CO_2 ゼロチャレンジ」などの「6つのチャレンジ」は，意欲的な内容であった。

　その後2017年12月に，SDGs の目標年次2030年に合わせ，長期目標達成のための「2030マイルストーン」を発表。「サステナビリティ・データ・ブック2018」（2018年9月発行）では，6つのチャレンジに関連する SDGs 目標として，目標6，7，9，12，13が示されていた。

　2019年6月に「サステナビリティ推進室」を設置すると，同年9月には「サステナビリティ・データ・ブック 2019」（2019年9月発行）[13]を発行，SDGs の

17目標への当てはめをすべて169のターゲットレベルまで落とし込んだ。特に，「ライフサイクルCO_2ゼロチャレンジ」に関連し，SDGs目標12「持続可能な消費と生産」の次のターゲット「12.8」を示したことが注目される。

12.8　2030年までに，人々があらゆる場所において，持続可能な開発及び自然と調和したライフスタイルに関する情報と意識を持つようにする

　同社のねらいは，自社を「自動車」から「モビリティ」の会社に切り替え，人々の「持続可能なライフスタイル」に貢献することであり，それをSDGsという共通言語を通して世界に発信することだ。

　さらに，2020年2月には，CSO（Chief Sustainability Officer：最高サステナビリティ責任者）を設置した。そして，同年3月には豊田章男社長（当時）が「SDGsに本気で取り組む」と宣言した。その後，「トヨタのSDGs」というウェブサイトでの発信を行っており，SDGsに本気で取り組むというトップメッセージをサステナビリティのサイトに掲示している[14]。

　加えて，同社は，静岡県裾野市に「ウーブン・シティ（Woven City）」と呼ばれる，実験都市を開発するプロジェクトをスタートさせている。ねらいは，ロボット・AI・自動運転・MaaS・パーソナルモビリティ・スマートホームといった先端技術を人々のリアルな生活環境の中に導入し，新たなモビリティのための実証を行うことだ。

　トヨタでは，社長の豊田章男氏が会長に退き，執行役員でエンジニア出身の佐藤恒治氏が2023年4月1日付で新社長に就いた。

（SDGs経営の視点からの分析）

　①課題把握では，自動車業界ではカーボンニュートラルの2050年が焦点で，2030年はマイルストーンであり，バックキャスティングでの目標設定を行っている。SDGsのレバレッジポイントは目標9「インフラ，産業化，イノベーション」であり，自動車の場合は，目標13「気候変動」が最重要である。

　②重点課題では，同社の「Sustainability Date Book 2019」は，6つのチャレンジに対応するSDGsをすべてターゲットレベルで示した。

　③目標設定でもSDGsのターゲットレベルで整理して2030年及び2050年の数

値目標とそれに向けた手順を示している。

　④発信では，「トヨタイムズ」などのトップからの発信で，自動車の会社から「モビリティ」を通じた「ライフスタイルの変革」に貢献する会社に切り替えている戦略を打ち出している。

　⑤経営では，2019年にサステナビリティ推進室を新設した。CSO を議長とするサステナビリティ会議は，上位の監督機関である取締役会に報告する。

(SDGs 導入前後の変化の視点からの分析)

　自動車は多くの部品産業との連携でできあがる最終製品であることから，自動車企業が SDGs に本格的に取り組むと部品メーカーに影響力がある。同社のサステナビリティ・データ・ブック2018版と2019版の違いを見ると，関係者に対する訴求力が SDGs のターゲットレベルまで示した2019版の方が格段に高まり，対外発信面でも社内への浸透面でも波及力が大きい。

　このトヨタの動きを受けて，今，部品関連企業は SDGs の実践に追われている。このような SDGs の活用をしないと，トヨタも世界競争で生き残れないと思ったのだろう。

　トヨタ自動車はダボス会議で発信される Global 100の2019年95位，2020年には92位となっている[15]。

(4)　横河電機：SDGs を自在に使いトップから社員一丸で世界企業へ

(取り組みの概要)

　横河電機は，工業計器・プロセス制御メーカーで国内最大手，世界有数の企業である。SDGs も活用して持続可能な未来を目指す企業「YOKOGAWA」として世界への発信を強化し2022年 Dow Jones Sustainability World Index に選ばれた。

　2017年8月に発表した「サステナビリティ貢献宣言」では2050年に向けて Net-zero emissions（気候変動への対応），Circular economy（資源循環と効率化），Well-being（すべての人の豊かな生活）の3項目をサステナビリティ目標「Three goals」とし，SDGs と紐付けて貢献分野が一目でわかるように工夫した。

（SDGs 経営の視点からの分析）

　①課題把握では，トップ主導で SDGs への取り組みを推進し，社員にも浸透。海外を含めると従業員は 2 万人近くであり，サステナビリティ推進セクションが関係部門とも連携しながら浸透させている。

　②重点課題では，SDGs の17の目標を単に記載するのではなく，事業と目標の関係を整理して選定している。Three goals の達成と事業の成長のための重点課題を明確にするためマテリアリティ分析を行い，その結果に基づき 6 つの貢献分野を設定し，すべて SDGs と紐付けている（**図表 5 - 5(1)**）。

　これは，SDGs の17目標をただ並べるのではなく，完全に組み替えることで事業と SDGs 目標相互の「リンケージ」を意識して SDGs を自在に使う方法として参考になる。SDGs を所与のものとするのではなく，SDGs の客観性を活用して自社の「自由演技」を光らせる発信段階に入っているといえる。

　③目標設定でも SDGs の目標年次の2030年のみならず，2050年に向けた宣言を発表しているところがトヨタ自動車と同様に先駆的である。2021年 5 月には，2030年に向けて社会への貢献の度合いを測る長期的な指標（社会インパクト指標）と，2023年に向けて社会へ貢献する事業の成長を測る中期的な指標（事業活動指標）に発展させている。

　④発信では，広告や新製品のプレスリリースに SDGs の要素を盛り込んでおり，例えば2019年 3 月に広告宣伝部門主導で制作した「地球の物語の，つづきを話そう。」は SDGs をテーマとした採用広告であった。2021年からは「測る力とつなぐ力で，地球の未来に責任を果たす。」という Yokogawa's Purpose をコミュニケーションメッセージの核としている。採用面や広告面にも反映していくことが今後重要でヒントになる。

　⑤経営では，同社は世界的に認められ，2022年には，世界的な ESG 指数で，約300社が選定される Dow Jones Sustainability World Index に選ばれた。

（SDGs 導入前後の変化の視点からの分析）

　同社の2015年 CSR レポートでは，トップメッセージや第三者意見は掲載されていない。SDGs 導入後は一転して，2018年の統合レポートのトップメッセージで，SDGs を特記し，2050年に向けたサステナビリティ目標「Three goals」を SDGs と関連させている。2019年レポートからは SDGs 関連項目の

進捗度報告を数値化して示し，その後の「YOKOGAWA サステナビリティレポート2022」でも継続している。このように年々，SDGs に関する取り組みを進化させており，企業としてのビジョン，ビジネスモデルの特性が明確に伝わるような変化を遂げている。

　同社では WBCSD（持続可能な開発のための世界経済人会議）が200社以上の加盟企業の中から SDGs に貢献する女性企業人10人を選定する「リーディング・ウーマン・アワード」で，2018年に日本企業から唯一選ばれた，古川千佳氏（フェロー，サステナビリティ推進室部長）が所属している。同社では，「Three goals」を目指して，2030年に向けて貢献と成長を加速させる6つの貢献分野を SDGs と紐付け，それぞれに社会インパクト指標を設定している（図表5-5(2)）。そして，同氏によれば，SDGs が事業のあらゆる側面に関わっており SDGs が顧客との最初の接点として営業面での効果もあるという[16]。営業ツールに SDGs の要素を組み込むことは，今や BtoB 企業では必須になっている。

図表5-5(1) 横河電機：サステナビリティの注力分野と価値創造テーマ

　YOKOGAWAの価値創造ストーリーを，Three goalsとSDGsの観点からいくつかの価値創造テーマに分類・集約し，YOKOGAWAがお客様に提供する価値（お客様が得られる経済価値）と社会・環境価値（豊かな社会実現への貢献）の2軸で評価しました。その結果を踏まえ，グループ全体で取り組むべき3つの注力分野と，2030年に向けた意欲的な目標を設定しました。

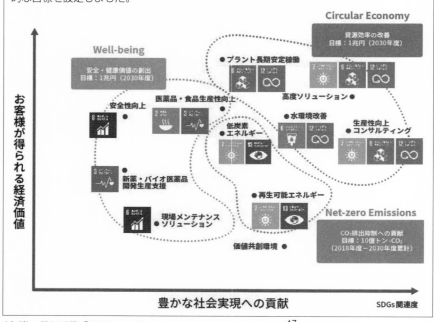

（出所）　横河電機『YOKOGAWAサステナビリティレポート2018』[17]より

図表 5-5(2)　横河電機： 6 つの貢献分野と社会インパクト指標

6 つの貢献分野	指標	2030年度（2040年度）目標
カーボンニュートラルの達成	お客様事業の CO_2 排出抑制量	10億 $t-CO_2$（内，50%以上は再生可能エネルギー，新技術による）
	温室効果ガス排出量（Scope1，2）（基準年2019年度）	2030年　50%削減 2040年　100%削減
	温室効果ガス排出量（Scope3 ※1）（基準年2019年度）	30%削減
企業や社会の効率化	お客様の生産性効率化で創出された経済価値	2 兆円
ライフサイクル最適と環境保全	持続可能な操業に貢献している工場の数	2 万工場
安全と健康の向上	安全や健康に貢献している人数	1 億人
資源循環型エコシステムの創造	資源循環に貢献する新規ビジネス立ち上げの状況	複数の資源循環システムの確立
能力を発揮できる環境の実現	社員の Well-being を高めるエンゲージメント	世界トップ集団と同レベル
	変革に向けた人財育成・能力開発の実績	フューチャースキルセット ※2の習得
	ダイバーシティ・インクルージョンの達成度	女性管理職比率20%，上位の意思決定層のダイバーシティ向上

（注）※1　購入した製品／サービス（カテゴリー1）及び販売した製品の使用（カテゴリー11）が対象
　　　※2　新事業や新分野で活躍するためのスキル
（出所）横川電機『YOKOGAWA サステナビリティレポート2022』[18]から一部抜粋

⑸　大建工業[19]：素材原点で R&D にも SDGs を生かし創業100周年へ

（取り組みの概要）

　大建工業は，終戦直後の1945年9月，富山県で創業し，当時不足していた鉄に代わる物資として木材加工から開始した。

　筆者は，2018年10月に開設された岡山市にある研究開発施設・R&D センターに招かれ，億田正則社長と対談した。グループ企業理念では，「笑顔あふれる未来に貢献」「豊かな社会と環境の調和を第一に考え」「あらゆる人に愛される企業であり続ける」がキーワードである。億田社長は，これらの理念は SDGs と親和性があり，SDGs を意識して活用すれば，グループ企業理念の実現に寄与すると述べた。

　つまり，SDGs 的な素地があったところに，SDGs の17目標が示された形だ。同社は，「今ごろ SDGs ができたのか」という思いを持っても，おかしくない。

（SDGs 経営の視点からの分析）

　①課題設定では，SDGs の目標12「持続可能な消費と生産」や目標13「気候変動」に貢献する素材を多く有する。

　②重点課題では，製品開発力と技術面でのポテンシャルを生かし，同社は R&D センターでこれを加速させる計画である。マテリアリティである「資源循環・循環型社会の実現」「ニューノーマル時代のユーザーニーズ」「働きやすさ，働きがい向上による多様な人財基盤」のすべてを SDGs と関連付けて発信している。

　③目標設定でも SDGs 重点課題ごとに KPI を定めている。

　④発信，⑤経営では，同社の長い歴史の中で培った技術力を生かした高付加価値産業のビジネスモデルであるとして発信している。SDGs のレバレッジポイントは，目標9「インフラ，産業化，イノベーション」のイノベーションにより課題解決策につなげることと，目標17の「パートナーシップ」で幅広い展開を図るものである。

（SDGs 導入前後の変化の視点からの分析）

　大建工業は，2015年の CSR レポートでは山口民雄氏（特定非営利活動法人

循環型社会研究会代表）が第三者意見で「この数年，ISO26000をはじめ，ガイドライン，コードなどが公開……報告内容を深耕するとともに，3〜5年の情報開示戦略を確立されることを期待します」と指摘があった。SDGs 導入後は，億田社長のイニシアティブのもと，指摘された ISO26000 を参照し，SDGsについても積極的に取り入れた。

2019年の筆者との対談時に，億田社長は当時，次のように考えていた。

「SDGs の考え方は当社の事業や考え方にリンクするものであり，未来への指針にもなると感じる」「SDGs は2030年に向けての目標であるが，そこがゴールではなく，大阪・関西万博が開催される2025年の創業80周年，その先の100周年も見据えて目指す姿を描いていく」「これからはまさに，SDGs が開発のテーマになってくる」。

R&D センターがある岡山市は，「SDGs 未来都市」だ。SDGs 仲間ができやすい。同社の技術力を生かした高付加価値産業のビジネスモデルは，世界で通用する，製品の進化型 CSV モデルといえる。

3 | バリューチェーン CSV の SDGs 経営の効果

⑴ 伊藤園：「茶畑から茶殻まで」のバリューチェーン全体に SDGs を紐付け

（取り組みの概要）

伊藤園は，「健康創造企業」として，「世界のティーカンパニー」を目指している。

伊藤園は，緑茶事業で，「茶畑から茶殻まで」のバリューチェーン全体にSDGs を紐付けした（これを「マッピング」という）。基盤である人材育成，労働慣行やコンプライアンスなどの SDGs 項目も示している。SDGs をマッピングすると，ほとんどすべての SDGs 目標が該当する。この SDGs のマッピングは，製造業のモデル的な整理であり，多くの企業に応用が利くことが評価され，伊藤園は「第1回ジャパン SDGs アワード特別賞」を受賞。受賞時の「伊藤園統合レポート2017」でのマッピングの図版を掲げておく（**図表5−6**）。

図表 5-6　伊藤園の SDGs バリューチェーンマッピング

（出所）　首相官邸 HP の画像を筆者が一部加工[20]

　その後，同レポート2022年版では，SDGs の当てはめも精査され，さらに進化している。正の影響と負の影響に分けてターゲットレベルで示しモデル的な整理であるので，「バリューチェーンにおける，SDGs のターゲットと関連する主な取組み」の部分の図版を抜粋する（**図表 5-7**）[21]。

　代表的な事業である茶産地育成事業（契約栽培・新産地事業）は SDGs 目標の 2，8，12に関連，茶殻リサイクルシステムは SDGs 目標の12に関連，健康配慮商品は SDGs 目標 3 に関連し，CSV に取り組んでいる。伊藤園では，国産緑茶（荒茶）生産量の約 4 分の 1 を扱っているが，1976年から取り組んでいる契約栽培に加え，2001年以降，茶畑づくりから始める新産地事業でバリューチェーン改革に取り組み，バリューチェーンの進化型 CSV の事例である。

（SDGs 経営の視点からの分析）

　①課題設定では，各部署での SDGs の理解が進んでいる。特に，社内共通認識面では厚生労働省認定社内資格の「伊藤園ティーテイスター」（全社員の約 4 割が有資格者，1 ～ 3 級）が，お茶の文化や魅力を伝えるため，社内外で啓発活動を行っており，SDGs 目標 4 の「教育」で上級者が下級者を教育するという効果的な活動にも特色がある。

　主軸の茶産地育成事業は，目標 2 に含まれる「持続可能な農業」，目標 8 「経済成長と雇用」及び目標 9 「インフラ，産業化，イノベーション」につな

がり，目標11「持続可能な都市」の地域活性化にも総合的に寄与し，これを行政・農業者・企業との目標17「パートナーシップ」で実現する。

　茶産地育成事業は SDGs の5原則のすべてに該当する。普遍性では，この事業を各地に拡大，オーストラリアでも展開。包摂性では，女性・若手後継者・新規就農者・高齢者の活用など。参画型では，様々なステークホルダー，隣接の荒茶工場，試験研究機関，農業資材メーカーなどと連携を拡大。統合性では，経済面で原料調達コストの低減，環境面で環境保全型農業，社会面で地域雇用の創出など経済・環境・社会の統合がみられる。透明性では，統合レポートや HP でその内容を公開。

　②重点課題では，マテリアリティの特定でも，バリューチェーンの調達・製造・商品企画・販売の各局面で重要な活動を抽出し，それらに SDGs を当てはめている。2022年6月には，2023年4月期からの5年間の指標を定めた中長期経営計画を発表した。新たに7つのサステナビリティ重要課題（マテリアリティ）として，「食生活と健康への貢献」「持続可能な国内農業への貢献」「環境」「地域社会・コミュニティとのつながりの深化」「持続可能なサプライチェーンへの貢献」「多様な人財と全員活躍の推進」「コーポレートガバナンス」を決めた。

　③目標設定でも SDGs の経営上の重要事項の KPI を公表している。

　④発信では，ISO26000をいち早く取り入れ CSR の体系を整えてきた成果を踏まえ，同社の2017年統合レポートで，ISO26000活用の「ESG/SDGs マトリックス ver2.0」を採用した。

　⑤経営では，ESG/SDGs を関連付けて伊藤園グループの価値創造プロセスを示している。茶事業で培った「畑からのユニークな製品開発力」を基盤に，バリューチェーンを通して，多様なパートナーシップを構築し，CSV につなげていく（「伊藤園統合レポート2022」）。

（SDGs 導入前後の変化の視点からの分析）

　SDGs 導入前と SDGs をいち早く導入した2016年以降の同社のレポートを比較すると変化がよくわかる。2015年9月 SDGs 策定前の「サステナビリティレポート2015特集編」では，第三者意見として名和高司氏（一橋大学大学院国際企業戦略研究科教授）から，「この……経営モデルが，21世紀型の日本発グ

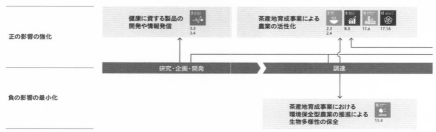

図表5−7　伊藤園の「バリューチェーンにおける,

（出所）　伊藤園『伊藤園統合レポート2022』[22]より

ローバルモデル（CSV2.0）として広がっていく」よう，CSV の進化への期待
が示された[23]。

　SDGs 以降の「伊藤園統合レポート2016」の別冊「サステナビリティレポー
ト2016 特集編」では全面的に SDGs のバリューチェーン・マッピングを打ち
出した。これについて後藤敏彦氏（サステナビリティ日本フォーラム代表理
事）からは「各段階での伊藤園・社会それぞれの価値を分析……その中に
SDGs を組み込まれようとしていることは，社会の変化に対応するとともに，
創出される価値を新たに世界的視野で定義していくことにつながっている」と
評価された。

　特に発信面での外部評価に大きな変化があった。2013年度にポーターの名前
にちなんだ「ポーター賞」[24]（一橋大学大学院が運営）を受賞，それを契機に
バリューチェーンの CSV の図版も含む「CSR 報告書 2015」を英語版で世界
に発信していたところ，フォーチュン誌で，2016年 9 月特集「世界を変える企
業50選」に選ばれ（日本企業は 2 社で，伊藤園が18位），世界にも認められ
た[25]。

　一方で，世界的な ESG 投資の拡大により，企業等への ESG 情報開示要請へ
の対応が急務となり，同社では2018年より CSR/ESG 経営を推進してきた。
「伊藤園統合レポート2020」では気候変動シナリオ分析に着手し，茶葉への気
候変動影響分析結果を公表。最新の2022年度版では TCFD 提言に基づき，伊
藤園の事業バリューチェーン全体での分析結果を開示している。これらの
ESG の取組みをベースに，ステークホルダーダイアログを経て 7 つのサステ

SDGs のターゲットと関連する主な取組み」

働きがいの向上、
人材育成
4.4
4.7
8.5

ペットボトルやリーフ資材など、
持続可能な容器包装の使用
12.4
12.5
14.1

地域密着型営業
「ルートセールス」を活かした
地域活性化、お茶文化の発信
4.4
4.7
11.4
11.a
17.17

原料加工 → 製造・物流 → 営業・販売

飲料生産時の
水使用量の削減
6.4

製品ライフサイクルを通じた
CO_2削減、電動車の使用
7.2
12.2
13.1

生産時や製品由来の廃棄物削減、
茶殻リサイクルシステム
9.4
12.3
12.5

ナビリティ重要課題と KPI を設定し，貢献する SDGs ターゲットとの紐づけも見直された。これらの最新のマテリアリティに基づき，2022年度からの中長期経営計画と並行してサステナビリティ経営を推進している。

このように本事例では，CSR 経営から ESG 経営，そしてサステナビリティ経営へと段階を経て SDGs の貢献に対応しており，今後の参考にし得る事例である。

筆者の理解では，本事例では，国内の活動でも SDGs に対応していること，バリューチェーン全体で対応していることなどの面で，「進化型 CSV に基づく SDGs 経営」の効果と変化を明らかにできる事例である。ケーススタディとして多くの有識者からも取り上げられ，今後の SDGs 経営の参考にし得る事例である[26]。

(2) 大川印刷：中小企業で印刷工程の見直しと社員一丸での工夫

（取り組みの概要）

神奈川県横浜市に本社のある印刷業，大川印刷（1881〈明治14〉年創業）は，「ソーシャルプリンティングカンパニー®（社会的印刷会社）」をパーパスに掲げ活動している。第2回ジャパン SDGs アワード SDGs パートナーシップ賞（特別賞）の受賞理由では，中小企業が SDGs 経営戦略を策定し国内外でのロールモデルであると評価された。

パートを含む全従業員を対象に社内 SDGs ワークショップを実施。「環境印刷」を行い，バリューチェーンの改革を行っている。

その他，障害者支援活動，再エネ100宣言 RE Action（企業，自治体，教育機関，医療機関等の団体が使用電力を100％再生可能エネルギーに転換する意思と行動を示し，再エネ100％利用を促進する新たな枠組み）へ向けた取り組み，子ども向けの SDGs 工場見学ツアーや SDGs の取り組み発信も行っている。

（SDGs 経営の視点からの分析）

①課題設定では，「SDGs 経営計画プロジェクトチーム」活動に特色があり，2017年度から経営計画に SDGs を実装させ，全従業員参加によるプロジェクトチームで活動（SDGs 目標の 3，7，8，9，10，12，13，15等に関連）。

②重点課題では，「CO_2ゼロ印刷」に加えて，「FSC® 森林認証紙の使用推進」，「ノン VOC インキの使用推進」，「電力の再生可能エネルギー化」を本業を通じて重点的に推進している。

③目標設定では，再エネ100宣言 RE Action への取り組みにおける，行政，民間企業，市民との連携の実施に関する目標設定に特色がある。

④発信では，各取り組みを CSR・SDGs 報告会で発表し，大川哲郎社長のイニシアチブによる発信の機会も多い。

⑤経営では，SDGs 経営が評価され，外資系企業との新規取引などの新たな販路開拓に結びつき成長している。

（SDGs 導入前後の変化の視点からの分析）

同社は，2009年から CSR レポートを発行，2015年 CSR レポートでの第三者意見で川北秀人氏（IIHOE［人と組織と地球のための国際研究所］代表）が「2020年ごろを視野に入れた中期的な目標の明記」を期待していた。SDGs を本格導入した2018年 CSR レポートでは，同氏が「SDGs を経営計画に織り込み，ISO26000に準拠しつつ，環境負荷の削減や地域社会貢献活動を中心に，意欲的に進められており，他社のモデルとなる水準にある」と高く評価した。

また，関東経済産業局のサイトでは，「中小企業が SDGs に取り組むことで競争力の向上を実現」している先進事例として紹介されている[27]。

大川社長は千葉商科大学のシンポジウムで筆者とともに登壇し，中小企業にとって SDGs は，「『余裕があるからやれる』のではなく，『余裕がないからこそやれる』ことがある」と話した。「SDGs には，多くの人が解決策を求めているテーマが集まっており，ニーズの宝庫である。そこに該当するアイデアを

出せれば，ビジネス・チャンスにつながる可能性が高い」と述べた[28]。

　SDGs 経営は中小企業でも効果が上がる。今後中小企業にとって参考にできる事例である。

(3)　ミヤギ：関係者連携でオフィス価値を創造する長寿中小企業

（取り組みの概要）

　東京日本橋人形町に本拠を置く事務用品販売，株式会社ミヤギは1914（大正3）年創業で2014年に100周年を迎えた。同社は，企業や官公庁のオフィス需要にも一括受託で応える体制で CSV を推進している。

　歴史を見ると日本長寿企業によくみられる強みの源泉をたどることができる。初代社長が浅草で「畳紙（たとう）」創業，二代目社長が使いやすい「文庫紙」を開発，三代目宮城貞一郎社長が戦後渡航しドイツで輪転機メーカーと日本総代理店契約を結ぶなど，文具・オフィス関連商品販売店として成長した。

　現在の四代目宮城邦弘社長は，文具メーカーに働きかけ，複数企業の商品を「一ブランドで共通デザイン」として統一して生産・販売する，「クラフトデザインテクノロジー」という新ブランドを立ち上げた。コンセプトは「匠の技術（クラフト）」「デザイン」「最新技術（テクノロジー）」であり，日本企業の強みを発揮する協働・連携の効果が世界向けにも期待できる。

　HP では，「SDGs の取り組み」のコーナーも設けている。

（SDGs 経営の視点からの分析）

　①課題設定と②重点課題では，「クラフトデザインテクノロジー」という新ブランドに特色がある。日本の文具メーカーが協働し，例えば，パイロット社の「消せるボールペン」フリクションペンシリーズや，ぺんてる社のゲルインクボールペン「エナージェル　トラディオ」など世界で売れている商品が並んで，ギフト用などの共通の高級デザイン仕様で売り出されている（**図表5-8**）。

　これは，バリューチェーンの販売段階における革新の新ビジネスモデルで，バリューチェーン CSV に該当し，パートナーシップ（SDGs 目標17）の事例でもある。

　③目標設定も適切に行っている。

　④発信では，本社が所在する東京の人形町では和モダン雑貨の販売店舗

図表5-8　クラフトデザインテクノロジーの商品と「MUCCO」

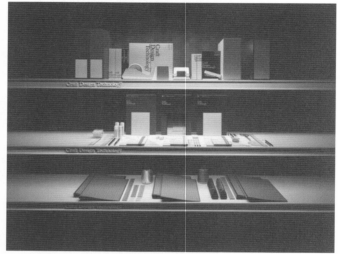

（出所）　ミヤギ HP[29]

「MUCCO」（**図表 5 - 8**）を開設し，インバウンド需要も見込んでいる。

「MUCCO」という店名は「こころをつつむ」という意味の「こつむ」を反対読みにしたもの。「かわいらしさを強調するために反対にしてみました。いったいどう読むのだろう？　と足を止めて考えてほしいという願いも」と説明している。「大切なあの人へ　そっと小さな おくりもの」がコンセプトだ。まさに SDGs 的であり，このあたりから価値創造の「ストーリー」が回り始めると思う。地域に根ざし幅広い業種への「オフィスのトータルアドバイザー」を目指している。

⑤経営では，上場企業ではないが，社長は全日本文具事務用品団体総連合・会長でもあり，発信機会も多く[30]，長寿企業を目指し経営にサステナビリティの考えを反映している。

（SDGs 導入前後の変化の視点からの分析）

大川印刷の印刷やミヤギの文具・オフィスなど生活文化に関わる業種における事例は，中堅・中小企業ならではの地域密着型の強みを生かし，いわば日本型の「進化型 CSV に基づく SDGs 経営」を確立していく可能性を秘めている。

4 ┃ クラスター CSV の SDGs 経営の効果

(1)　滋賀銀行：プラットフォーマーとしての地銀の役割発揮

（取り組みの概要）

第 2 回ジャパン SDGs アワード特別賞を受賞した同行では，1966年制定の「行是」は近江商人の経営哲学である三方良しの精神を原点とし，「役職員一人ひとりが，社会の一員であることの自覚を持ち，常に自分自身を戒め律し，社会へ感謝し，本業を通じて社会に貢献する」という内容である。

滋賀銀行は，SDGs 以前から琵琶湖の水質保全活動など，もともと SDGs との親和性のある銀行である。SDGs 策定後ただちに，地域経済，地球環境，人材の三本柱からなる「しがぎん SDGs 宣言」を発出し，SDGs を活用した地域におけるクラスター CSV を推進している。

（SDGs 経営の視点からの分析）

①課題設定では，関係者間ネットワークを使い，SDGs の経営への導入について取引先企業などに指導的役割を発揮している。

②重点課題では，金融業は，SDGs に関して，本業の融資に SDGs を加味した商品開発を行い，融資ノウハウを生かした関係者とのネットワークづくりも行う。また，銀行内での働き方や ICT 化などの改革も SDGs の重点課題である。マテリアリティは，2030年のマイルストーン（ターゲット2030）を定め，経済・環境・人をつなぐこと（統合的発展）を目指している。経済的価値と社会的価値を両立する CSV をすべて SDGs に関連付けている。

③目標設定も的確に行っている。

④発信では，特に，CSR リポート2018の「地域とともに持続可能な未来を切り拓く」を見ると，あらゆる活動が SDGs と関連付けられ，わかりやすい整理になっている。金融業が幅広いプラットフォーマーであることがわかる。

⑤経営では，ジャパン SDGs アワード特別賞受賞企業として，SDGs 経営を目指している。

（SDGs 導入前後の変化の視点からの分析）

滋賀銀行の CSR リポート2015では，龍谷大学社会学部教授・長上深雪氏から第三者意見として「今後は，そうしたお客さま目線のサービス改善や地域福祉の活動を地域に知らせていく取り組みが求められます」と関係者への発信強化を指摘。同行の CSR リポート2019では，高橋祥二郎頭取より「当行の取り組みは国連が提唱する SDGs と同じ視線を持っています」として，「2019年4月にスタートさせた第7次中期経営計画（2024年3月まで）で初めて，サステナビリティビジョン（長期ビジョン）を掲げました。……地域との共創による持続可能な社会の実現にまい進する覚悟です」と，SDGs に関してトップメッセージを発信した。

地方銀行はプラットフォーマーとしての性格を有し，SDGs をまず部署内の改革に使い行員のモチベーションを上げ，そのモチベーションの上がった行員が顧客に対して提案を行うようになっていると実感されている[31]。銀行のようなプラットフォーマーが SDGs を本格活用すると関係者への波及力が非常に大きい。

　また，滋賀銀行は2019年5月に地銀で作る「TSUBASA アライアンス」に参加した。IT と金融が融合したフィンテックを活用した商品開発や，顧客の相互紹介などに取り組む広域連携の枠組みである。TSUBASA アライアンスは，SDGs を踏まえた「TSUBASA SDGs 宣言」を制定。2022年現在，同アライアンスへの参加銀行は，第四北越銀行，千葉銀行，中国銀行，伊予銀行，東邦銀行，北洋銀行，武蔵野銀行，滋賀銀行，琉球銀行，群馬銀行の10行。今後，SDGs アワード受賞企業である滋賀銀行の参加により，そのノウハウの水平展開が図られる。

⑵　KDDI：５G や IoT などを活用し「命」「暮らし」「心」の３つをつなぐ

(取り組みの概要)

　「ずっと、もっと、つなぐぞ。au」をスローガンにする KDDI は，中期経営戦略（2022～24年度）で，「KDDI VISION 2030：『つなぐチカラ』を進化させ、誰もが思いを実現できる社会をつくる。」を新たに掲げた。また，中期経営戦略の策定過程では，長期的な視点で社会課題と KDDI グループの経営の重要度を総合的に網羅した新重要課題（マテリアリティ）を策定した。

　サステナビリティ経営を基軸とし，パートナーとともに社会の持続的成長と企業価値向上の好循環を目指している。長期投資家等のマルチステークホルダーの関心事項と事業へのインパクトを軸に，「通信を核としたイノベーションの推進」「安心安全で豊かな社会の実現」「カーボンニュートラルの実現」「ガバナンス強化によるグループ経営基盤強化」「人財ファースト企業への変革」「ステークホルダーのエンゲージメント向上」の６つに集約し，マテリアリティごとに社会に提供すべき提供価値を決定。それぞれの提供価値の実現に向けたサステナビリティ目標（KPI）を設定している。

(SDGs 経営の視点からの分析)

　①課題設定②重点課題③目標設定では，すべてに SDGs との関連づけを終えた。筆者が有識者として参加した2018年度ステークホルダーダイアログ（SDGs）では，経営層が，「2019年度から始まる中期経営期計画戦略では，本業を通じた SDGs への取り組みを強化」するとしていた[32]。

④発信面では，2030年を見据え事業を通じて様々な社会課題の解決に取り組むKDDI Sustainable Action を策定。5GやIoTなどを活用し，「命」「暮らし」「心」の３つをつなぐ。サステナビリティ統合レポート2022では，マテリアリティとのクロスで簡易マトリックスを作りSDGsとの関連性を発信している。

　⑤経営では，SDGs推進にも積極的な点が評価され，同社は東洋経済新報社の「CSR企業ランキング」で上位にランキングされている（2019年2位，2020年1位，2021年1位，2022年3位）[33]。

(3)　NTTドコモ：ICTソリューションを活用した地域協創

（取り組みの概要）

　NTTドコモでは，持続可能な地域社会の実現に貢献するための「ドコモの地域協創」というプログラムを全国で展開しICTソリューションを活用した様々な解決策を提案している。知事や有識者を招き（筆者も参加），ICT実需がある地元関係者向けのセミナーを行い，「＋d」（ドコモがパートナーとともに新たな価値を創造する取り組み）の展開を行うなど効果的だ。

　ICT企業は5G時代を迎え，あらゆるエリア，あらゆる産業に対してプラットフォーマーとしての役割があり，オープンイノベーションによるICT技術を駆使したクラスター形成の進化型CSVである。

（SDGs経営の視点からの分析）

　①課題設定では，「＋d」のキャンペーンでは，SDGsと関連付けて社会課題を明確化している。

　②重点課題では，実装が始まっている5Gでは，むしろ課題が明確な地域では実装が早いともいわれる。同社のように地域の課題を重視している企業は，SDGsの目標11「持続可能な都市」に対し目標9「インフラ，産業化，イノベーション」により貢献するビジネス・モデルである。

　同社は，SDGs未来都市の石川県白山市及び第1回ジャパンSDGsアワード内閣官房長官賞を受賞した金沢工業大学と連携し，SDGsにおける5G・ICTの利活用推進に関する連携協定を締結（2018年11月）。白山市SDGs未来都市計画への協力を行う。これが「SDGs仲間づくり」の典型例であろう。SDGs

仲間が「協定」という形で継続性のある取り組みを加速している。

③目標設定では，今後計画的に 5 G を進める。

④発信については，2020年以降発行した「NTT ドコモグループ SDGs ハイライト」という冊子に特色がある。「CSR は事業活動と別にあるものではなく事業活動そのものであり，社会に貢献するために新たな価値を提供していくことである」と述べ，SDGs と結び付けた CSV である。

⑤経営では，全国に広がるサポート体制やパートナーシップを一層充実させ，SDGs 経営を推進している。

(SDGs 導入前後の変化の視点からの分析)

NTT ドコモや KDDI のように全国ネットワークを有する ICT 企業にとっては，SDGs では目標11「持続可能な都市」が重要な貢献要素だ。また，ICT 企業のようなプラットフォーマーが本格的に SDGs を推進すると関係者への波及力が非常に大きいので，SDGs を活用すればより幅広い関係者との連携が進み，クラスターの進化型 CSV につながりやすい。

⑷　シダックスグループ：サービス業での社員満足と顧客満足の同時実現

(取り組みの概要)

総合サービス企業，シダックスグループ（従業員約 4 万人）では，オフィスや病院，高齢者施設，保育園等で食事提供を行う「フードサービス事業」，民間企業・自治体の役員車や公用車，送迎バスの車両運行を行う「車両運行サービス事業」，そして民間企業・自治体の各種業務や図書館・複合施設等の公共施設の運営を行う「社会サービス事業」の 3 つの基幹事業を展開している。

2022年 5 月には，新たな経営理念体系「ミッション，ビジョン，バリュー（MVV）」とタグライン「未来の子供たちのために」を制定し，SDGs 経営の本格化も明示した。

(SDGs 経営の視点からの分析)

①課題設定②重点課題③進行管理面では，「SDGs 委員会」を設けて，SDGsを社内に浸透させ，SDGs と事業との紐付けが進んでいる。

④発信では，「500の仕事」というコンセプトで，2017〜2018年度に企業広告

を展開した。これは同グループの多岐にわたる仕事を紹介するもので，社員満足（ES）を向上させつつ，顧客満足（CS）を上げる SDGs である。SDGs の目標 8「経済成長と雇用」にもつなげ，社員一人ひとりが，顧客の役に立っているという自覚を促す取り組みである。「500の仕事」[34]というコンセプトで，様々な服装の500人の写真の広告展開や活動報告を行った。関係者と連携する目標17「パートナーシップ」を重視している。

　同グループは，全国で，「食」「車両」「社会サービス」を組み合わせて複合的に地域の社会課題解決にあたっている。統合報告書2022[35]でも，各事業をSDGs の17目標を当てはめるだけでなく複数の目標を効果的に組み合わせて説明しており，「SDGs 自由演技集」といえるもので参考になる。

　⑤経営では，統合報告書2022の会長兼社長志太勤一氏によるトップメッセージで「『事業を通じた社会課題の解決』に向け，『人の力』で SDGs 経営を核に据えたサービスを提供」と述べ SDGs 経営を打ち出している。「シダックスの価値創造ストーリー」でも CSV を核に据えている。

（SDGs 導入前後の変化の視点からの分析）

　同グループでの CSV と SDGs 推進には歴史がある。シダックスが事務局として参画し，2013年から開始した複数企業による企業コンソーシアム「SDGs 研究所（旧ウェルネス・ライフサイエンス研究所，2020年に改称)」で実践活動をしている（2022年 8 月現在，35社参加)。SDGs ができる前から CSV の研究と実践を行ってきた。

　筆者が同研究所の所長を務めており，活動の 1 つには質の高い学びを目指す「SDGs ユニバーシティ」（国連大学共催，農林水産省・渋谷区後援）もある。

　この活動はクラスターCSV を計画的に進めていくもので，社員と関係企業がともに SDGs を深く学ぶことで，今後，シダックスと各社に好影響が出ることが期待される。

5 ┃「ESG/SDGs マトリックス」作成企業での効果

　次に，「進化型 VSV に基づく SDGs 経営」を社外への発信面と社員モチベーション向上面で加速する「ESG/SDGs マトリックス ver3.0」を活用している

事例を取り上げる。

(1) セイコーエプソン：SDGs 主力商品とマトリックスの進化

(取り組みの概要)

　製品の進化型 CSV の事例である。エプソンの経営理念は，「お客様を大切に、地球を友に、個性を尊重し、総合力を発揮して世界の人々に信頼され、社会とともに発展する、開かれた、なくてはならない会社でありたい。そして社員が自信を持ち、常に創造し挑戦していることを誇りとしたい。」である。1989年に策定され，1999年に改定，さらに2017年に「なくてはならない（会社）」という部分が追加された。

　企業のパーパス（志）として，SDGs が重視する「創造性」も加え，企業の経営理念と SDGs の親和性を示すものとしてモデル的だ。

　同社は，注力商品の1つとして，使用済みの紙から新たな紙を生み出す乾式のオフィス製紙機「PaperLab（ペーパーラボ）A-8000」（以下，「ペーパーラボ」，**図表5-9**）を販売している。その大きな特徴は，製紙工程で水をほとん

図表5-9 　乾式オフィス製紙機 PaperLab A-8000

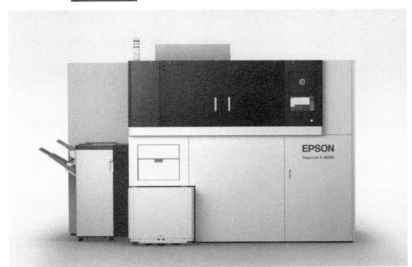

（出所）　セイコーエプソン提供

ど使わないので，導入するのに給排水工事が不要で，オフィスフロアにも設置しやすいことだ。これは，同社独自の新技術「ドライファイバーテクノロジー」の成果である。

　製品発表時は SDGs と関連付けなかったが，SDGs と関連させてからは訴求力が格段に向上。本製品は，昨今のペーパーレス化による紙の印刷を遠慮する雰囲気でも，紙を印刷しやすい環境を整え同社のコア・コンピタンス（中核的な事業）であるプリンターの価値も変えるシナジーも期待される。2016年11月に発売され，自治体や企業で導入が進んでいる。2021年にはついに海外に進出した。エプソンは，イタリアを代表する高級ファッションブランドであるブルネロ・クチネリと提携し，ブルネロ・クチネリはエプソンのペーパーラボを採用した（2021年12月14日プレスリリースより）。

　ペーパーラボは製品の進化型 CSV の代表的事例である。

（SDGs 経営の視点からの分析）

　①課題把握では，注力商品のペーパーラボについて，経済・環境・社会の側面の SDGs に当てはめて整理。経済では目標9「インフラ，産業化，イノベーション」，環境では目標12「持続可能な消費と生産」，目標6「水・衛生」，目標15「陸上資源」，社会では，自治体などでの活用に関連し目標11「持続可能な都市」及び障がい者の雇用創出は目標8「経済成長と雇用」である。筆者としては，シュレッダー代わりにもなるので情報セキュリティ向上の点で目標16「平和・公正」を加えることができると考える。1つの技術も様々な SDGs と関連している。

　②重点課題では，2017年に社会課題を解決していくための重要度の高い取り組みを「CSR 重要テーマ」として特定。

　③「CSR 重要テーマ」ごとに目標設定し的確に管理し開示している。

　④発信の一環として作成した，「ESG/SDGs マトリックス ver3.0」を統合報告2018ではじめて作成し毎年進化させている。2019年には，「ESG/SDGs マトリックス ver3.0」において「CSR 重要テーマ」と新たに制定した「マテリアリティ（重要課題）」を紐づけた。さらに，「マテリアリティ」を SDGs に紐づけて表現した価値創造ストーリーを提示している。

　⑤経営では，同社のサステナビリティ経営についてのトップメッセージにて

SDGsを含む社会課題解決への貢献を目標に掲げている。

(SDGs導入前後の変化の視点からの分析)

　同社は，2015年サステナビリティレポートでは「2004年に国連グローバル・コンパクトへの参加」したことのみを掲げていた。SDGsへのコミットメントを明確化した2018年度のCSRステークホルダーダイアログ[36]で，筆者から，SDGs活用で協働のプラットフォームを作る必要性を述べたのに対し，碓井稔社長（当時）は，エプソンは社会的な価値と経済的な価値の両立を目指すので，SDGsはエプソンの取り組みと目的を同じくするものだと述べた。

　同社は，CSV主力商品も有する「進化型CSVによるSDGs経営」の代表的事例となった。ペーパーラボは，第46回日本産業技術大賞「内閣総理大臣賞」（2017年，日刊工業新聞社主催）をはじめ，受賞歴も多彩である。ペーパーラボの導入先を見ると「SDGs仲間」効果が大きい。SDGs未来都市である長野県などの自治体や情報セキュリティ管理を重視するSDGs経営の金融機関への導入が加速した。

　企業としても内外での評価が高まった。日本経済新聞社の「日経SDGs経営調査」ランキングで常に高順位である。同社は，「Forbes JAPAN」2021年11月号の「AIが選ぶサステナブル企業100社」でも，総合第1位を獲得。小川恭範社長が表紙を飾った。

　その反響について同社の取締役・専務執行役員でサステナビリティ推進室長（当時）の瀬木達明氏は，「社内外で極めて大きなインパクトがあった。これはこれまでの様々な努力の成果であり，また，SDGs達成に貢献するサステナビリティ経営の取り組み内容を，地道に発信してきた成果ではないか」と述べた[37]。

　日本企業には，同社のようにSDGsの理念に近い経営理念を掲げる企業や「三方良し」の社是，ビジョンを有するものが多い。社是やビジョンは，それぞれの企業の歴史的経緯からできて，SDGs策定前につくられたものもある。そのような場合はセイコーエプソンのように経営理念とSDGsの親和性を効果的に発信することが有効で，他の企業でも応用の利くものである。

(マトリックスver3.0の先駆的事例)

　セイコーエプソンは，2018年に日本で初めてSDGsの169のターゲットレベ

マテリアリティ	サステナビリティ重要テーマ	ESG	1 貧困をなくそう	2 飢餓をゼロに	3 すべての人に健康と福祉を	4 質の高い教育をみんなに	5 ジェンダー平等を実現しよう
循環型経済の牽引	脱炭素の取り組み	環境 E 境	1.5	2.4			
	資源循環の取り組み			2.4			
	お客様のもとでの環境負荷低減				3.9		
	環境技術開発			2.4	3.9		
産業構造の革新	デジタル化・自動化による生産性向上						
	労働環境・教育環境の改善					4.1 4.5 4.2 4.6 4.3 4.7 4.4 4.a	
生活の質向上	多様なライフスタイルの提案				3.d	4.2 4.7	
	豊かで彩のある暮らしの実現				3.6		
社会的責任の遂行	ステークホルダーエンゲージメントの向上	社 S 会	1.1 1.2 1.5	2.4	3.6 3.9 3.d	4.1 4.5 4.2 4.6 4.3 4.7 4.4 4.a	5.1 5.2 5.5
	責任あるサプライチェーンの実現		1.1 1.2		3.9	4.1 4.5 4.3 4.7 4.4	5.1 5.2 5.5
	人権の尊重とダイバーシティの推進		1.1 1.2			4.1 4.4 4.2 4.5 4.3 4.7	5.1 5.5
	ガバナンスの強化	ガバナンス					
検証の結果，エプソンの取り組みは SDGs の17の目標全て関わっていることを確認しました。			✓	✓	✓	✓	✓

（注）　図表中の SDGs に関する数値は，17目標に関するターゲットであり，小数点で示されている。以下同じ。
（出所）　セイコーエプソン HP[38]

122

エプソンのマトリックス

SDGsとの関連性											
6	7	8	9	10	11	12	13	14	15	16	17
	7.2 7.3	8.4	9.4			12.2 12.4 12.8	13.1 13.2 13.3	14.3			17.17
6.3 6.4	7.2 7.3	8.4	9.4		11.6	12.2 12.8 12.4 12.5	13.2 13.3	14.1	15.1 15.4 15.5		17.17
6.3 6.4	7.3	8.4	9.4		11.6	12.2 12.8 12.4 12.5	13.2 13.3	14.1 14.3	15.1 15.5 15.2 15.4		17.7 17.17
	7.3	8.4	9.4		11.6	12.2 12.5	13.2	14.1	15.2		17.7 17.17
	7.3	8.2	9.4								17.16 17.17
6.3		8.2 8.5									17.16 17.17
			9.c								17.16 17.17
											17.16 17.17
6.1 6.4 6.2 6.5 6.3 6.6	7.1 7.2 7.3	8.2 8.6 8.4 8.7 8.5 8.8	9.4 9.c	10.2 10.3 10.7	11.6	12.2 12.6 12.4 12.8 12.5 12.a	13.1 13.2 13.3	14.1 14.2 14.3	15.1 15.4 15.2 15.5 15.3 15.7	16.1 16.5 16.2 16.6 16.3 16.7 16.4 16.10	17.16 17.17
6.1 6.4 6.2 6.5 6.3 6.6	7.1 7.2 7.3	8.2 8.6 8.4 8.7 8.5 8.8	9.4	10.2 10.3 10.7	11.6	12.2 12.6 12.4 12.5	13.1 13.2 13.3	14.1 14.2 14.3	15.1 15.4 15.2 15.7 15.3	16.1 16.5 16.2 16.10 16.4	17.16 17.17
		8.2 8.7 8.4 8.8 8.6		10.2 10.3		12.a					
										16.3 16.7 16.4 16.10 16.5 16.6	
✓	✓	✓	✓	✓	✓	✓	✓	✓	✓	✓	✓

ルまで明記した「ESG/SDGsマトリックスver3.0」を作成し，その後進化させてきた。2021年度は新たな長期ビジョン「Epson 25 Renewed」に基づいて再設定された「マテリアリティ」，「サステナビリティ重要テーマ」が用いられて作成された（**図表5-10**）。

　具体的に同社のマトリックスを見てみよう。SDGsの目標7「エネルギー」や目標12「持続可能な消費と生産」，目標17「パートナーシップ」などを中心に，同社の主力事業であるプリンターやペーパーラボの製造に関連して，SDGsの169のターゲットがピックアップされている。「化学物質や廃棄物の管理」（12.4），「廃棄物の発生抑制」（12.5），「持続可能なライフスタイル」（12.8）などに幅広く貢献していることが分かる。

　そして，このターゲットの内容は，左端にある同社のマテリアリティ（重要課題）と関連付けて整理されている。つまりこのマトリックスにより各マテリアリティに対応するSDGsが明確化されている。

　瀬木氏は，SDGsを17目標だけでなく，169のターゲットレベルまで検証することの重要性について，「ターゲットレベルまで検証することにより，SDGsの目標が真に目指す姿やレベルが理解できます。"SDGsウォッシュ"と言われることのないよう，関連付けの根拠も明確にする必要があるのです」と語る[39]。毎年，各事業の事業戦略部門長や事業管理部門長が，事業とSDGsのターゲットとの関連性を「棚卸し」して，目指す方向性や取り組みを確認しているという。筆者も，同社との意見交換で，年々SDGsの理解の深まりを感じる。

　同社の本社がある長野県は，2018年にSDGs未来都市に選定されている。同社は長野県の「SDGs推進企業登録制度」にも登録，毎年，SDGs達成について県に報告している。それにもこのマトリックスが役立っているという。瀬木氏が続ける。「登録制度で挙げられているチェック項目に対し，当社の取り組みについて公開情報を示すだけでなく，ターゲットレベルで説明できる点が強みです」。

　マトリックスver. 3.0により対応するSDGsが明確化され，特に，ペーパーラボという主力商品にSDGsを関連させてクローズアップしているところに特色がある。効果的にマトリックスで全体像を示した結果，対外的には，投資家，

関係取引先への訴求力を高めている。

　また，社内共通認識がここ数年で急速に進んでいる。研修も強化し社内浸透を図り，経営層のみならず営業関係者が行う主力商品の販売促進での製品説明でも SDGs への貢献を積極的に発信している。その成果として，SDGs 未来都市に選定されている長野県や SDGs 経営企業をはじめとした関係者にペーパーラボの導入が進んでいる。

　行政関係者にも訴求力を高めた結果，ペーパーラボは2019年6月に軽井沢で実施された G 20エネルギー・環境大臣会合の会場で展示・使用された。また，外務省作成の「日本発！ペーパー革命」というテーマの SDGs 紹介ビデオで東京都大田区での使用事例が紹介される[40]など，ますます効果を上げている。

　SDGs を経営の根幹に据えて，ESG/SDGs マトリックスを使う「進化型 CSV に基づく SDGs 経営」の代表的事例になった。

(2)　モスフードサービス：外食の商品開発とマトリックス

(取り組みの概要)

　バリューチェーンの進化型 CSV である。モスフードサービスは，SDGs 経営に向け2019年度に自社の目標項目と SDGs を紐付け，マテリアリティを特定した。17の目標だけでなく169のターゲットレベルまで落とし込んだマトリクス ver3.0を作った。

　同社では，SDGs 経営の成果として，SDGs と関連付けて，地域とのコラボ商品の開発が次々と生まれて，食のバリューチェーンの変革に成功している進化型 CSV の事例となっている。

(SDGs 経営の視点からの分析)

　①課題設定②重点課題③目標設定では，「健康に寄与する食の提供」「地域に密着した店舗運」「働き方改革」「環境負荷の低減」の4つをマテリアリティとして，SDGs と関連させて設定した。KPI もこれに即して決めている。

　マテリアリティ特定のプロセスも重要であり，それを開示している（特定にあたり筆者も協力した）。モデル的な整理である（**図表 5 -11**）。

　そして，食を通じて人を幸せにするためのキーワードとして「おいしさ」「地域密着」「世の中の新」の3つを挙げている（MOS REPORT モスグルー

プ統合報告 2022）。

④発信では，SDGs に紐付いた商品はストーリー性も強いため，SDGs を認知している消費者にもダイレクトに響く。実際に同社の商品は，少々高めの価格設定でも消費者の支持を得て売れている。こうしたこともあり，第35回日経企業イメージ調査（日本経済新聞 2023年２月24日付の広告特集）「ビジネスパーソン・企業認知度」で堂々１位（前回９位）につけた[41]。

⑤経営では，コロナ禍でのテイクアウト需要もとらえて業績向上につなげている同社は，今後のさらなるグローバル展開も見越して，SDGs 経営を強化している。

（SDGs 導入前後の変化の視点からの分析）

同社は，2019年12月に経営層向け，2020年２月に管理職向けの勉強会をそれぞれ実施し筆者が講師として招かれた。「SDGs 軽視の怖さを知ろう」というテーマで，企業が SDGs に取り組む意義や価値創造について説明した。その際，筆者は，「モスフードサービスは理念経営が特徴的で、……今回改めて自社の課題と SDGs を明確に相関させたマトリックスを作成されましたが自社の強みだけでなくリスク対策も整理できるという効果を発揮しています。このマトリックス整理は、対外的な説明のみならず、社内でのワンボイス化にも大変役立ちます。……投資家の視線も集まる中、今後同社には SDGs を活用した発信力とイノベーションを期待しています」と述べた[42]。

| 図表５-11 | モスフードのマテリアリティ特定プロセスとマテリアリティ |

（出所）　モスグループ『モスグループ統合報告 2020』[43]を一部加工

（18番目の目標とマトリックスで商品開発への効果）

同社は，2020年度に169のターゲットレベルまで落とし込んだ「ESG/SDGsマトリックス ver3.0」を作成し（筆者が監修），取り組み事項のうちマテリア

図表 5−12 モスフードの「18番目の目標」

モスグループでは，2030年のありたい姿を SDGs が目指す2030年の未来の姿になぞらえ，17のゴールの達成にプラスして，「『心のやすらぎ』『ほのぼのとした暖かさ』を世界の人々に」と定めた
（出所） モスグループ『モスグループ統合報告 2022』[44]より

リティを色付けして示している（**図表 5−13**，次ページ）。

　同社では，2030年のありたい姿を，「『心のやすらぎ』『ほのぼのとした暖かさ』を世界の人々に」と定めて，17の目標にプラスして，図を作成した（**図表 5−12**）。前述のとおり，これを筆者は「18番目の目標」と呼んでいる。規定演技を終えると，自由演技でその企業ならではの目標を設定していくことができる。

　同社では，マトリックスによる SDGs 経営の成果として，地域とのコラボ商品の開発が次々と生まれている。例えば，

- 2020年度からは〝ご当地まぜるシェイク〟シリーズを毎年展開。各地域の名産品を使うことで国産食材をアピールしている。
- 2021年5月には，「日本の生産地応援バーガー 真鯛カツ〈愛媛県愛南町〉」（税込530円）を，100万食限定で販売。愛南町は，養殖真鯛の日本一の生産量を誇る愛媛県の有数の産地。ただ，コロナ禍で真鯛需要が減り，出荷量は前年比約50％まで落ち込んだため，養殖真鯛を使った商品を開発して同町を応援した。
- ユニークなものでは，山口県の日本酒「獺祭」の甘酒を使用したモスライスバーガーと蒟蒻ドリンクがある。こちらは日本酒人気が高まっている台

ESG	7つの中核主題	ESG重要テーマ	モスグループのおもな目標項目	マテリアリティ（重要課題）
Ⓖ	組織統治	コーポレートガバナンス	企業統治	
			内部統制	
			サステナビリティ経営の推進（社内浸透）	
		リスクマネジメント	グループ全体のリスクマネジメント	
			データセキュリティとプライバシーの保護	
			BCP管理	
		コンプライアンス	理念体系、行動規範などの管理と啓発	
Ⓢ	公正な事業慣行	公正な取引の遵守	取引に関する法令の遵守	
		サプライチェーンマネジメント	CSR調達の推進	
			産地支援とモスファーム事業の推進	
	人権	人権	人権の尊重（啓発、ハラスメント教育）	
	労働慣行	人事・福利厚生	法制度改革への対応	
			福利厚生の充実	
		従業員の健康・安全	長時間労働の是正・休暇取得の推進	
			健康経営	
		人材育成	人材獲得と退職防止	
			人材育成、能力開発、キャリア形成、コミュニケーションの強化	❸ 働き方改革
			次世代FCオーナー育成	
		ダイバーシティ	メンバーの多様性の確保、女性活躍推進	
			心と設備のバリアフリー推進	
	消費者問題	製品の品質と安全性	モス食品安全基準などの運用	
		健康価値（健康と栄養性）	健康に寄与する食の提供	❶ 健康に寄与する食の提供
		適切な情報公開	商品情報の適切な表示と開示	
		製品の求めやすさ	商品・サービスの価値向上	
			利便性向上のための店舗インフラ整備	
		公正なマーケティングと広告	公正なマーケティングと広告	
		個人情報の保護	データセキュリティとプライバシーの保護（再掲）	
	コミュニティへの参画及びコミュニティの発展	コミュニティと地域活動	店舗の地域貢献活動の推進	
		コミュニティと産業育成	多様化するニーズに合わせた店舗開発	❷ 地域に密着した店舗運営
			地域に密着した店舗運営	
		コミュニティと環境・文化	地域の特産品を活かした新商品の開発	
			モスの食育プログラムの推進	
Ⓔ	環境	気候変動・大気汚染の防止	エコマーク「飲食店」認定を活用した環境対応	
			温室効果ガスの排出削減	
		省エネルギー推進	本社及びチェーン全体の省エネルギーの推進	❹ 環境負荷の低減
		廃棄物とリサイクル	環境配慮型容器包装などの開発	
			食品リサイクルの推進	
		生物多様性の保全	生物多様性の保全	
		水の管理	水質保全	

（出所）　モスグループ『モスグループ統合報告 2022』[44]より

フードのマトリックス

SDGs の17目標との関連性

1	2	3	4	5	6	7	8	9	10	11	12	13	14	15	16	17
															●16.4 16.5	●17.16 17.17
															●16.4 16.5	
										○11.2 11.5		●13.1				
									○10.2 10.3						●16.4 16.5	
									●10.3						●16.4 16.5	
○1.1	●2.4						●8.4 8.7		○10.2 10.3		●12.2 12.3 12.4 12.5 12.8				○16.5	
	●2.4						●8.4				●12.2 12.3 12.4 12.5					●17.17
				○5.1 5.5			●8.5 8.8		○10.3							
		●3.a	●4.4 4.7	●5.5			●8.5 8.8		●10.3 10.4							
		●3.a 3.b					●8.8									
			●4.4 4.7				●8.5		●10.3							
			●4.4 4.7				●8.5									○17.17
			●4.5 4.7	●5.5			●8.5 8.8		●10.3							○17.17
			●4.5 4.7						○10.3	○11.7						
		●3.d									●12.4					
	○2.4	●3.d						●9.4								
		●3.d									●12.2 12.4					
							●8.2	●9.4								
											●12.8					
															○16.10	
															○16.10	
										○11.a						●17.17
							●8.2 8.5	○9.4		●11.7 11.a	○12.5					●17.17
	●2.4	●3.d					●8.9	●9.4								○17.17
	○2.4		●4.4 4.5				○8.9									
		○3.a				●7.3					●12.3 12.5	●13.1				
						●7.3					○12.2	●13.1				
						●7.3					●12.2	●13.1				
						○7.3		●9.4			●12.3 12.5	●13.1				
						○7.3					●12.3 12.5					
													○14.1	●15.4		
					●6.3								●14.1			

※本マトリックスは笹谷秀光氏の監修による　　●：おもに関連する SDGs 目標　○：関連する SDGs 目標

湾，シンガポール，香港限定の販売となった。

　これらの取り組みは，SDGs の目標 8 のターゲット「8.9　地域産業支援」や，目標 2 のターゲット「2.4　持続可能な農業」などに対応する。また，地域や他企業とのコラボの中から生まれた商品なので，目標17の「パートナーシップ」の成果でもある[45]。

　これを社内一丸で進めてきた効果が，SDGs を使った社会課題への社員の力量向上と関係者連携に結実したものであると考えられる。

　SDGs 経営を推進することで「2030アジェンダ」の題名にもある「変革」が，社内外で進んでいる。同社の取り組みは，その変革の一端が見えている好例だ。SDGs の認知度が向上した今，「SDGs 経営」は海外でも国内でも消費者に，ますます大きな訴求力をもたらす。

⑶　SOMPO ホールディングス：関係者連携を強化するマトリックス

（取り組みの概要）

　クラスターの進化型 CSV を目指している事例だ。SOMPO ホールディングスは，2021年 5 月発表の中期経営計画（2021～2023年度）で，「SDGs 経営」へと舵を切った。近年は中核事業である「保険」の枠組みを超えて，介護やデジタル事業などで，社会課題の解決を目指している。コロナ禍で社会的な価値観に大きな変化が訪れる中，企業の存在意義を見つめ直すことが重要と考え策定された SOMPO のパーパスは，「"安心・安全・健康のテーマパーク" により，あらゆる人が自分らしい人生を健康で豊かに楽しむことのできる社会を実現する」であり，その浸透に取り組んでいる。

　「安心・安全・健康のテーマパーク」とは，同社グループが2016年に発表した中期経営計画（2016～2020年度）で掲げた「グループの目指す姿」でもある。まさかのときに備えるだけでなく，現在の幸せを長続きさせ，さらに幸せになるようにお手伝いをする，という考えだ。同グループではこれを「テーマパーク構想」と呼んでいる。

　次に同社は，パーパスの実現に向けた 7 つの重点課題を「SOMPO のマテリアリティ（経営上の重点課題）」として定めた。この過程で作成したのが，

「ESG/SDGs マトリックス ver3.0」で，筆者が監修させていただいた。

　中期経営計画のなかで，これまでの課題解決の過程に加え，事業を通じて獲得したあらゆるデータを活用する RDP（Real Data Platform）の推進を発表した。これはクラスター CSV につながるものだ。

　東洋経済新報社が発表した「ESG 企業ランキング2021」において，2018年以降 4 年連続で第 1 位を獲得している，ESG 先進企業である。

（SDGs 経営の視点からの分析）

　①課題設定では，SDGs の社内理解が前提条件である。したがって，SDGs 経営を実践するうえで重要なのは，あらゆるレベルでの社会的責任に関する組織全体の「意識の向上」と，組織の「力量（コンピテンシー：Competency）」だ。この「力量」とは，ISO26000で重視している考え方だ。そんな力量のある企業 SOMPO が，本気で SDGs 経営に取り組んでいる。

　2021年 8 月には，「グループ・チーフ・サステナビリティ・オフィサー：グループ CSuO」を設置し，このグループ CSuO 執行役に就任したのが下川亮子氏だ。まず行ったのがパーパスの浸透だ。「SDGs 経営は，パーパス実現に向けた取り組みを推進するための仕組みであり，"テーマパーク構想" を具体化するためのマネジメントそのものです」（下川氏）[46]。そして，「自分事化」のために，「MY パーパス」という取り組みなども行っている。

　②重点課題では，SDGs の169のターゲットレベルで整理し 7 つのマテリアリティを特定した（「SOMPO ホールディングス統合レポート2021」）。7 つのマテリアリティとは，「あらゆるリスクに対する備えの提供」「事故や災害を未然に防ぎレジリエントな社会に貢献」「経済・社会・環境が調和したグリーンな社会づくりへの貢献」「健康と笑顔を支えるソリューションの提供」「持続可能な高齢社会への貢献」「未来社会を変える人材集団の実現」「価値創造に向けたパートナーシップのプラットフォーム構築」である。

　③目標設定でも，このマテリアリティそれぞれに対して，数値目標を含む KPI を設定。例えば「あらゆるリスクに対する備えの提供」の KPI のひとつは，国内の正味収入保険料（保険の普及への貢献）で，損害保険事業の社会価値を SDGs のターゲット（8.10　保険・金融サービスのアクセシビリティ）に置いて設定している。「結果的に KPI の約 8 割が事業との関係性が強く，その事業

図表 5-14　SOMPOホールディングス

ESG区分	ISO26000 7つの中核主題	SOMPOを取り巻く社会課題	1 貧困をなくそう	2 飢餓をゼロに	3 すべての人に健康と福祉を	4 質の高い教育をみんなに	5 ジェンダー平等を実現しよう
G	（略）						
S	（略）						
E	環境	サステナブル・ファイナンス（保険引受・保険商品開発）の推進			△3.9		
		サステナブル・ファイナンス（投融資）の推進			△3.9		
		持続可能な食糧供給への貢献	●1.5	●2.4			
		カーボンニュートラル社会への貢献	●1.5	●2.4	△3.9	△4.7	
		循環型社会への貢献					
		自然共生社会への貢献					

（注）　SOMPOグループの取り組みと関係の強いSDGsターゲットを「●」，関連のあるターゲットを「△」で表記。SOMPOグループの課題解決型事業の進展や社会課題の変化に応じて継続的に見直しを行う。本マトリックスは，筆者の監修の下，整理している。
（出所）　SOMPOホールディングス『SOMPOホールディングス 統合レポート2022』[47]

の進捗を見るのに値する指標となりました」（下川氏）という。これが本業での対応を促すSDGs推進のポイントである。

　④発信では，「ESG/SDGsマトリックス」で効果的に発信している（後述）。

　⑤経営では，最近注力しているものが，「RDP構想」である。下川氏によれば，「RDP構想」は，自社の強みである人的資本や情報資本といった無形資産の力も使って，新たなビジネス価値を生んでいく戦略だという。

　「データ取得，ソリューション開発のパートナーを求め，社会課題解決に対して強い想いを持つプレーヤーを呼び込み，パートナーシップをどんどん広げていきたい。私たちは，プラットフォーマーになることを目指します」。

　SDGsでは「level of ambition」や「moonshot」といった難しい課題へのチャレンジ力を期待しているが，まさにそれを感じさせる事業であり，そのポ

のマトリックス（環境部分の抜粋）

6	7	8	9	10	11	12	13	14	15	16	17
	●7.a	△8.10	●9.1		●11.4		●13.3	△14.1	△15.5		●17.16
	●7.a	△8.3	●9.4		●11.4		●13.a	△14.1	△15.5		●17.16
△6.6		●8.10					●13.1				●17.16
△6.6	●7.2		△9.1		△11.4	●12.8	●13.2	△14.1	△15.5		●17.16
●6.b						●12.6	△13.3	●14.1	△15.4		●17.16
●6.6						●12.6	△13.3	●14.1	△15.2		●17.16

テンシャルが高い。これは関係者の連携が前提であり目標17のパートナーシップを重視したクラスターの進化型 CSV である。

（SDGs 導入前後の変化の視点からの分析）

　SDGs の169のターゲットについては，「169のターゲットそれぞれに対して，当社が提供する商品・サービスと，今後の戦略との関係性を洗い出しました。それが『SOMPO を取り巻く社会課題』です」（下川氏）という。下川氏の発信力の強さと，実践に裏付けられたイニシアティブにより，今後，SOMPO グループは，クラスターCSV の「進化型 CSV に基づく SDGs 経営」のモデルとなりうるものだ。

　ちなみに，筆者は，SDGs は「磁場」のようなもので，SDGs 経営は SDGs のマインドを持っている人や SDGs に熱心な企業を強く惹き付ける磁力があり，

パートナーシップを強固にし，イノベーションを呼び込む効果を持つと考える。

（マトリックスでグループへの SDGs 経営の波及）

　SOMPO ホールディングスの「ESG/SDGs マトリックス ver3.0」を見てみよう。環境部分を抜粋してある（**図表 5 -14**）。このマトリックスでは縦軸左に「ESG 区分」があり，ESG 要素との的確な関連付けもできている。下川氏に効果を聞いた。

　「SDGs のどの目標に，どのように取り組んでいるかが明確化されているので，投資家だけでなく，マルチステークホルダーに対しても，重点ポイントの"見える化"をしています」。この整理方法であれば「企業にとって都合の良い SDGs を選んでいる」との批判を防ぐこともでき，投資家に対する訴求力を高める効果もある。

　下川氏によると，このマトリックスをグループ内で共有し，グループ全体としてマテリアティへの理解を促進できたことで，SDGs 経営の良いスタートが切れたという。

　ただ，前述のとおり，この SDGs マトリックスをもってしてもカバーできない項目もある。特に国連文書「2030アジェンダ」にも明記されている「身体的・精神的・社会的な well-being（より良き生き方や幸せ）の保障」といった部分は，それに該当する。「安心・安全・健康のテーマパーク」を掲げる同グループでも，この「18番目の目標」を意識し，今後これをわかりやすく発信していくことが期待される。これによって，コロナ後の「ビルド・バック・ベター（より良い復興）」に貢献するソリューションプロバイダーとして，世界から期待される企業になるに違いない。

(4)　肥後銀行[48]：熊本県 SDGs 企業登録制度に基づくマトリックス

（取り組みの概要）

　肥後銀行の企業理念は「お客様起点であり，地域の発展に貢献し，社員が生き生きと働く」であり，「卓越した地域価値共創組織」を目指す。クラスターの進化型 CSV である。

　2019年に日本経営品質賞委員会の日本経営品質賞を受賞した。銀行業界での

同賞受賞は初めてであり，金融機関としても第一生命に続き 2 社目である。同賞の評価指標は，環境，社会，経済成長の 3 つに分類でき，SDGs に近いフレームワークであると理解して応募したという。

（SDGs 経営の視点からの分析）

　①課題設定では，「CSV と SDGs は表裏であり，CSV の価値の具体化にあたり，SDGs フレームワークの中に17の価値創造の方向性が示されている」（笠原慶久・肥後銀行頭取）と理解され，これを本業の中で対応していくとしている。

　②重点課題では，2019年 7 月に策定した投融資に関する指針において，脱炭素社会の実現に向けた取り組みや，生物多様性の保全，農林水産業や観光業など地域振興，文化財の保全事業などに積極的に支援をすることを掲げた。2020年 1 月29日，肥後銀行と SDGs 未来都市の熊本市，公益財団法人地方経済総合研究所（熊本市）の 3 者で「SDGs 推進に関する連携協定」を締結。熊本市・熊本県とも SDGs について連携し，一体になって，熊本県 SDGs 企業登録制度にも協力している。

　地域総合金融機能の深化，地域産業振興機能の拡充，人づくりとエンゲージメント向上，KFG（九州フィナンシャルグループ）ビジネスモデルの確立，デジタル社会に向けた D X 推進を重点課題としている。

　③目標設定では，業績に加え，地域への貢献度，お客様の満足度，社員の幸福度，従業員満足度などを SDGs と関連付けて掲げている。

　④発信については，ステークホルダーとの関係に配慮し，関係を良くするよう努めていく必要があると考えており，笠原頭取自らが積極的に発信している。

　⑤経営では，肥後銀行は日本経営品質賞を受賞した。

（SDGs 導入前後の変化の視点からの分析）

　肥後銀行は，発信について，ステークホルダーの中にはパブリックも含まれているので「パブリック・リレーションズ」は非常に重要であると考え，積極的に「発信型の SDGs」を実践していく（笠原頭取）。また，同行では，地元の中小企業や地方自治体と密接に取引をしている中で，SDGs を啓発しその関係者が SDGs に取り組むことで，さらに地域が SDGs に取り組んでいくことになると考え，その重要な役割を地方銀行が担っていると考えている。このよう

分類	No.	チェック項目	基本	チャレンジ	具体的な取組み（※事業者が記載する欄）
					（中　略）
労働・人権	12	【差別の禁止】 • 性別，年齢，障がい，国籍，出自などによる差別や各種ハラスメントを防ぐ体制が整備され，社内で差別や人権侵害がないことを確認している。	●		• 雇用，教育，昇進・登用，福利厚生など，雇用条件及び職場環境において，差別しない体制・運営を徹底している。 • 差別や各種ハラスメントの禁止について，就業規則に定めており，相談窓口を設置している。
	13	【労働安全衛生】 • 業務中の事故等を防ぐため，安全で衛生的な労働環境の整備に取り組んでいる。	●		• 衛生教育の実施や定期健康診断による健康管理など安全衛生に関する規程を就業規則にて策定している。 • 毎年労働安全衛生法に基づくストレスチェックを実施し，未然防止に取り組んでいる。
	14	【公正な待遇】 • 雇用形態に関わらず，同一労働同一賃金等の原則に沿って対応している。	●		• 従業員（正行員・スタッフなど）の公正な待遇を行っている。
					（中　略）
	19	【新しい生活様式への対応】 • 新型コロナウイルスをはじめとする感染症対策としても有効なテレワークや時差出勤，ウェブ会議等を導入している。		●	
	20	【デジタルトランスフォーメーション（DX）の推進】 • ICT や AI を活用したデジタル化やオンライン化等のDX の推進により業務の効率化やビジネスモデルの変革に取り組んでいる。		●	
	21	【ブライト企業】 • ブライト企業に認定されている。		●	

（出所）　熊本県 HP[49] 『熊本県 SDGs 登録事業者一覧（第 1 期）肥後銀行』

マトリックス（抜粋）

主なSDGs（17のゴールと169のターゲット）																
1	2	3	4	5	6	7	8	9	10	11	12	13	14	15	16	17
						（中 略）										
			4.3 4.4 4.5	5.1 5.2 5.5			8.5 8.7 8.8		10.2 10.3						16.1 16.2 16.7	
		3					8.8									
				5.5			8.5		10.2 10.3							
						（中 略）										
		3					8	9.1		11	12					
							8	9.1		11	12					
		3	4				8	9			12					

な SDGs の「普遍性」の理解が重要であると筆者は考える。

（熊本県 SDGs 企業登録制度に基づくマトリックス）

　肥後銀行は，蒲島郁夫知事の肝入りの施策である「熊本県 SDGs 登録制度」[50]（2021年1月発足）に協力している。制度の検討段階から，熊本市，水俣市，小国町などの自治体や，同行，熊本銀行，三井住友海上といった金融機関なども参加してつくり上げた次のような制度だ。

　この制度の目的は，県内の企業や団体が，SDGs と事業活動との関連について「気付き」を得るとともに，具体的な取り組みを進めてもらうこと。SDGs の普及を促進し，かつ新たな価値の創造を促す先進企業の取り組みを「見える化」して，SDGs を原動力とした地方創生の実現を目指している。交付を受けた企業や団体の登録期間はまず3年間，その後も更新可能だ。登録者は，「くまモン」が SDGs を抱くマークを使用できるというメリットもある。

　登録に際しての主な要件は，①2030年までに「目指す姿」や環境・社会・経済の3側面における重点的な取り組みを明確に示していること，②自らの活動と SDGs の17の目標及び169のターゲットとの関連付けがなされていることの2点だ。

　先駆的なのは，第2の要件で，SDGs の17目標のみならず169のターゲットまで関連付けた細かいマトリックスをチェックリストとしてつくらせるところだ。これはマトリックス ver3.0に近い。必然的に組織内でもこれらのターゲットを整理して，細かな議論を展開することになる。申請書には，「取り組み基本項目」が25項目あり全てにターゲットの当てはめを記載する。加えて，「チャレンジ項目」も25項目あり5項目以上に具体的取り組みを記載する。

　熊本県 SDGs 登録制度のサイトにはすべての登録企業（2023年3月現在約2,000社）のマトリックスが掲載されている。肥後銀行は，第1期で登録され，そのマトリックスは大変参考になるので，抜粋を掲示する（**図表5-15**）。

　このように，地方自治体における SDGs の推進は，地元の大手企業のほか，中堅や中小の企業を巻き込みながら，ローカライズした形で定着させていくことが重要だ。

⑸　NEC ネッツエスアイ：
ICT ソリューション提供とマトリックス

（取り組みの概要）

　コミュニケーション技術と DX を活用した ICT ソリューションを提供する企業で，クラスターの進化型 CSV である。同社の活動と SDGs の当てはめを終えて，Society 5.0[51]で求められるサイバーとリアルが融合する社会課題を解決するため広範囲な側面で SDGs を活用している。

　特に，リアルとバーチャル双方の働き方を融合した「ハイブリッド　ワーク」の販売に力を入れている。これは DX を活用したイノベーションを創発する新しい働き方の導入に役立つトータルソリューションである。

　同社は2022年5月に，社会への実装が進みつつある「DX ×次世代ネットワーク」の具現化と，新たな社会価値の創造に向けた変革の加速をテーマに，2022～2024年度の3か年を期間とする中期経営計画「Shift up 2024」を発表した。同社は，「コミュニケーションで創る包括的で持続可能な社会」を掲げ，同計画で示した「Sustainable Symphonic Society（持続可能で、豊かに響きあう社会）」は，2030年に実現すべき通過点と位置付けている。

（SDGs 経営の視点からの分析）

　①課題設定では，SDGs についてトップから社員まで重層的に研修を行い，理解の浸透が進んだ。

　特に注力しているハイブリッドワークを，SDGs の5原則に当てはめてみよう。働き方改革は，あらゆる業界に応用の利く「普遍性」を有する。さまざまな業態や従業員の ICT リテラシーに配慮し「包摂性」もクリアしている。商品開発面では，同社はオフィス改革を外に発信できるオープンイノベーション型のスペースも有しており，関係者の「参画型」を目指す。環境にも配慮し，働き方改革という社会課題に取り組み，同社の収益面でもけん引するので，「統合性」がある。最近は経営トップをはじめ「発信性」が高い。このように SDGs の5原則を満たすソリューションを有することが同社の強みである。

　②CSV の重点課題の1つとしてハイブリッドワークというソリューションは，目標8「経済成長と雇用」の働きがいのある職場づくりや働き方改革に寄

図表 5-16　NEC ネッツエスアイのマテリアリティ

（出所）　NEC ネッツエスアイ『NEC ネッツエスアイレポート2022』[52]

　与する。このソリューションを，取引先・サプライチェーンでの目標17「パートナーシップ」でカスタマイズして導入を進めている。この過程でICT活用を通じて関係企業から構成されるクラスターCSVとなっている。

　③目標設定も，的確に管理されている。

　④発信では，統合報告，ステークホルダーダイアログ結果の発信などに特色があり，ESG/SDGsマトリックスの作成も終わり発信した（後述）。

　最新のマテリアリティは，「社会への価値提供の取り組み」では，「誰もがより活き活きと働ける環境の創造」「先進テクノロジーを活かした楽しく豊かなまちづくり」「発展する社会の安心安全を支える万全なサービスの提供」の3点。「自社の成長のための取り組み」では，「健全で透明性の高い経営」「新たな価値を創出するイノベーション力の強化」「一人ひとりが活き活きと輝く環

境づくり」の 3 点で合計 6 点定めている（**図表 5 -16**）。

　⑤経営では，トップイニシアティブの下で，SDGs 経営により社会課題解決型企業を目指している。

（SDGs 導入前後の変化の視点からの分析）

　同社の「CSR レポート2015」の第三者意見で川北秀人氏（IIHOE［人と組織と地球のための国際研究所］代表）より，「今後，ICT ソリューションを提供する企業として，この価値提供を明確に意識し，成果や事例などの情報発信が重要です」と指摘した。

　その後，2018年から SDGs 導入を急速に進めた同社に対し，筆者が有識者として参加したステークホルダー・ダイアログ（2018年 5 月）[53]で，SDGs の本格活用を筆者が提案し，牛島祐之社長は，「次の中期経営計画を考えるというタイミングであり，このフレームを考え方として使いながら新しい戦略を考えていきたい」と述べた。

　その後，同社は，最新のマテリアリティを「ESG/SDGs マトリックスver3.0」で整理した（筆者が監修）[54]。

　2021年11月実施の牛島祐之社長と筆者の対談[55]では，牛島社長は，「2018年度に笹谷氏を招いて実施したダイアログをきっかけに，SDGs を当社の事業の中に組み入れて考えるようになった」。そして，「2019〜2021年度の中期経営計画『Beyond Borders 2021』も SDGs に沿ったフレームワークにしており，SDGs の達成目標年である2030年の当社のあるべき姿からバックキャストで考え，策定した」。「我々の事業そのものが SDGs に沿って歩み出したことで，SDGs が当社の事業活動の設計図のような存在になったと認識している」と述べている。

　このように，トップイニシアティブのもと，同社ではマトリックス活用でSDGs 経営の効果を上げている。

　SDGs への取り組みの進展プロセスを見ると，まさに社会課題解決型の「進化型 CSV に基づく SDGs 経営」の企業になっていると感じる。ICT 企業がプラットフォーマーとして本格的に SDGs を活用すると，関係者との SDGs による連携が広がっていくので，SDGs 推進上の役割はきわめて大きい。

⑹　熊谷組：「難所難物」に挑み，社内浸透するマトリックス

（取り組みの概要）

　総合建設業の熊谷組は1898年の創業以来，創業者・熊谷三太郎の言葉「いつか世の中のお為になるような仕事をさせていただきたい」「難所難物（困難な工事）があれば，私にやらせてください」に込められている「誠実さ」と「挑戦心」を受け継ぎ，社会の発展に尽力してきた。

　「難所難物」はまさに社会課題への対処への決意をわかりやすく示すものだ。社訓は次のとおりであり，SDGs 的だ。

　　　社業の発展を欲せば先ず信用の昂揚に努められたし
　　　工事施工に当たりては親切を旨とし得意先の不安の除去に努められたし
　　　相互に共存共栄を基とし一致協力して業を励み成績向上に努められたし

　そして，熊谷組グループビジョンが「高める、つくる、そして、支える。」である。

　2021年に，「ESG/SDGs マトリックス ver3.0」の作成を行った（筆者監修）。

　東洋経済新報社「CSR 企業」ランキング TOP500社（2021年）で環境部門の１位につけた。クラスターの進化型 CSV である。

（SDGs 経営の視点からの分析）

　①課題設定では，熊谷組グループでは，2019年に策定した「ESG 取組方針」に基づき，現在進めている中期経営計画において非財務目標を設定し，CO_2排出量削減率をはじめとする主な評価指標を掲げた。さらに「ESG/SDGs マトリックス ver3.0」を作成し，同グループの事業活動と SDGs の169のターゲットの関連を明確にした（後述）。

　②重点課題では，長期構想として，「持続可能な社会」「快適に暮らせる社会」「経済が成長する社会」の形成を目指す社会として掲げ，SDGs と関連付けている。

　③目標設定の内容もマトリックスに記載し一覧できる。

　④発信面でも，マトリックス作成後２年を経て社内に SDGs が浸透しつつあ

る中，熊谷組では，サステナビリティ経営について発信を強化している。

　⑤経営ではトップがけん引して SDGs 経営を進めている。

（SDGs 導入前後の変化の視点からの分析）

　「ESG/SDGs マトリックス ver3.0」[56]による SDGs 視点を用いた業務の推進を本格導入した2021年度には，全社員を対象とした「SDGs 意識調査」を実施した。回答率は95％に達し，SDGs に対する社員の意識の高さが分かる。また，SDGs の17目標のうち，もっとも「大切なことだと共感できるもの」として，目標3「保健」がトップになるなど，興味深い結果が得られた。続く2022年度調査では，目標11「持続可能な都市」が重要事項に浮上し，本業 SDGs により近づいている。貴重な調査であり今後の経時変化を追うことが望まれる。

　建設業と最も関連性の高い目標11「持続可能な都市」を中軸にしてみると，他の16目標と密接に関連している。目標11は「都市 SDGs」ともいわれ，17目標の中で唯一，都市やコミュニティなどの具体的な空間をイメージしたものだ。都市は「Systems of systems」といわれるように，多種多様なシステム（エネルギー・交通・下水道・社会・経済など）を持つため，最も連携が必要とされている。

　熊谷組のような建設業が「進化型 CSV に基づく SDGs 経営」になると，幅広い波及効果がある。

（マトリックスの社内浸透を実感）

　「ESG/SDGs マトリックス ver3.0」について，熊谷組では，更なる課題解決に向けたイノベーションの手がかりや，長期的なリスクマネジメントのリストとして活用。ESG/SDGs を切り口としたステークホルダーとの対話を行うツールとしても活用している。マトリックスは，同社の経営会議，サステナビリティ推進委員会にて議論している。

　2022年版では，中期経営計画の1年目を振り返り各事業における重要取り組み事項を追加して2021年版をバージョンアップした。このようにマトリックスを「進化させるプロセス」として活用することが重要である。

　マトリックス作成後2年を経て社内に浸透しつつある中，同社は，外部の有識者を招いて，有識者意見交換会を実施した（2022年6月，筆者がファシリテーターを務めた）[57]。意見交換会では，このマトリックスがきっかけになっ

て熊谷組の社員の間でSDGsへの意識が高まりつつあるという幹部からの反応があった。

例えば，建築事業本部長・上田真氏は「私は建築事業を担当していますが，最近，現場でもSDGsに関することを所長が朝礼で話したり，マトリックスを独自に作って掲示したりすることが増えてきました。現場の社員ばかりでなく，協力会社の作業員にも浸透しつつあると感じています」と述べた。

社長・櫻野泰則氏は，「現場の仕事がSDGsの目標の3や9，8，12に紐付けされていると掲示しているのですね。熊谷組にもこんな発想をする作業所長が増えてきて正直驚いています。熊谷組の最前線では，若い社員がSDGsへの貢献を自分事化して仕事に取り組んでいます」と述べた。

いわゆる「有識者ダイアログ」の結果の発信は，有識者の考えのみならず幹部のリアクションも社内外に伝わる。マトリックスにより社内浸透が進みつつある好事例であり，今後のさらなる「自分事化」が期待される。

(7) スカパーJSATホールディングス：宇宙事業とメディア事業のシナジー

同社は，グループミッション「Space for your Smile」のもと，変革による新たな価値の創出に挑戦し，豊かな社会の実現に貢献している。宇宙事業とメディア事業のシナジーも狙い，「ESG/SDGsマトリックス ver3.0」を作成（筆者が監修）。マテリアリティ特定にも使い，その経過も開示している。また，筆者がファシリテーターをさせていただいた有識者ダイアログの結果も開示している[58]。これによりマテリアリティがさらに客観的に受け止められる効果が高い。

(8) DCMホールディングス：ホームセンター事業とマトリックス

同社では，重点課題の重要度マップ，重点課題の特定プロセス，重点課題に対する有識者の第三者意見として筆者の意見を掲示している[59]。筆者からは，「8つの重点課題は定番的なものではありますが，事業内容への落とし込みがうまく整理されており，非常に良くできています。特に，SDGsとの関係で

『ESG/SDGs マトリックス』をターゲットレベルまで落とし込んで作成したことは大きな前進です。今や SDGs の認知度も上がり，ゴールレベルでは差別化はできないからです」と発言した。

また，「特定した重点課題とマトリックスをいかに社外へ発信していくかが重要です。ガバナンスもしっかりしていて，SDGs を E，S，G すべての面で実践している『SDGs 経営の会社』として発信していけば，投資家に向けた IR 面での訴求力が高まります」と追加した。

(9)　日本製紙クレシア，YKK AP：非上場企業でのマトリックス作成事例

非上場企業でも，ESG/SDGs マトリックス ver3.0 の作成が進んでいる。日本製紙クレシア株式会社は，日本製紙グループの企業で非上場である。「衛生を，ずっと」をメッセージとして掲げる家庭紙業界のパイオニアで製品の進化型 CSV を推進する企業であり，「ESG/SDGs マトリックス ver3.0」を開示している[60]。2019年度には社内での SDGs 研修等で筆者が講師を担当したあと，同マトリクスの作成を監修させていただいた。主力は消費者に近い製品でもあり，マトリックスを活用し同社の SDGs への取り組みの深さが消費者，取引先などに効果的に伝わることが期待される。

この他，非上場企業では窓枠など建材を提供する総合企業の YKK AP が，「ESG/SDGs マトリックス ver3.0」を作った[61]。関係企業と連携するクラスターの進化型 CSV である。

(10)　「ESG/SDGs マトリックス ver3.0」作成企業の広がり

「ESG/SDGs マトリックス ver3.0」作成企業が広がっている。各社で内外ともに大きな効果が上がっている。

このほか，筆者の監修は，**KNT-CT ホールディングス**[62]（旅行業），**日本道路**[63]（道路整備），**NEXCO 東日本**[64]（高速道路事業），**日本調剤**[65]（調剤薬局事業），**ミルボン**[66]（美容業）など幅広い業界に広がり，それぞれ基本を踏まえ個性を出して「ESG/SDGs マトリックス ver3.0」（ミルボンは ver2.0）を作成している。そして，社内外への ESG/SDGs の「見える化」に役立ててい

る。内容は各社の統合報告書や HP を参照いただきたい。

6 | 事例から見る「進化型 CSV に基づく SDGs 経営」の効果

　以上，事例企業について，共通の比較軸として，課題設定，重点課題，目標設定，発信，そして経営の 5 要素に分けて「進化型 CSV に基づく SDGs 経営」の効果を見てきた。共通してみられる効果は，SDGs により CSV の社会課題が明確化し社内では認識統一に役立ち，社外には社会課題解決企業であることが明確に伝わるようになったことである。CSV の 3 つの方法別に検証し，ヒントを探る。

(1) 製品の CSV

　製造業は，目標 9「インフラ，産業化，イノベーション」を主軸に様々な社会課題に対応している。先進事例では SDGs のターゲットレベルまで当てはめている。

　社内外での変化を見ると，**住友化学**と**サラヤ**は MDGs 時代から世界的な社会課題に取り組んできた。両社とも，SDGs 導入前は，MDGs に言及したものの本業遂行というより社会貢献的な位置づけであった。SDGs の導入は早く，SDGs 導入後は，効果的な SDGs の活用により「進化型 CSV」になった。ともに第 1 回ジャパン SDGs アワードで外務大臣賞を受賞した。

　住友化学は社内浸透に加え，「住友化学レポート2019」などで，SDGs を担当する責任役員がテーマごとに明示され推進体制が明確である。「グローバルプロジェクト」では，社内を巻き込む活動として実績も上がり，最近では住友グループ内の他企業にもベストプラクティスの水平展開が行われているという。**サラヤ**では，社内浸透面及び対外発信面のいずれでも SDGs 導入後は格段に訴求力が増している。

　自動車企業が SDGs に本格的に取り組むと，部品メーカーに大きな影響力がある。**トヨタ自動車**のサステナビリティ・データ・ブック2018版と2019版の違いを見ると，関係者に対する訴求力が SDGs のターゲットレベルまで示した

2019版の方が格段に高まった。自動車産業は，カーボンニュートラルが最重要課題で，目標 9 と目標13「気候変動」がレバレッジポイントである。自動車企業をはじめとして最終製品の製造企業は，関係者が多い企業群であり，プラットフォーマーとして関係者への大きな影響力を発揮している。

　横河電機は，2015年と2019年のレポートの比較だけでも，企業としてのビジネスモデルの特性が SDGs 導入により効果的に伝わるようになり大きな変化をとげている。また，2030年に向けて貢献と成長を加速させる 6 つの貢献分野をSDGs と紐づけ，それぞれに社会インパクト指標を設定しているほか，SDGsを人事採用面や営業面でも活用している。世界的にも2019年 Global 100で82位にランクインし，2022年 Dow Jones Sustainability World Index に選ばれるところまで評価を高めている。

　大建工業は，「素材」という原点に立ち返り，新しい社会課題ニーズと向き合い，これからは SDGs が開発のテーマになるとして，R&D につないでいる。
（製品の CSV のまとめ）

　SDGs の17目標は相互に関連しているので，関連性を見たうえで企業の強みを活かす重点（レバレッジポイント）を見つけることが重要であると前述した。

　SDGs では企業の役割が重視され，「2030アジェンダ」の総論部分で民間セクターによる「課題解決のための創造性とイノベーション」が求められている。そして，目標 9 は正確には「強靱（レジリエント）なインフラ構築，包摂的かつ持続可能な産業化の促進及びイノベーションの推進を図る」であり，その中には，ターゲット「9.5」として技術革新力の強化に触れている。

　9.5　2030年までにイノベーションを促進させることや100万人当たりの研究開発従事者数を大幅に増加させ，また官民研究開発の支出を拡大させるなど，開発途上国をはじめとするすべての国々の産業セクターにおける科学研究を促進し，技術能力を向上させる。

　特に製品の CSV では，このターゲットに関連させて SDGs を打ち出すことにより技術革新力について対外的訴求力が高まる。

　以上を総合すると，各社は創業時から長い年月をかけて，様々な社会課題解

決に取り組んできたので，もともと SGDs と親和性の高い取り組みの歴史があったところに，SDGs の17目標が示されたことになる。各社の事業と SDGs の目標とを関連付けると，事業の社会的な価値を客観的に再認識することができ，今後の成長へのポテンシャルを知るきっかけになったといえる。

また，事業には Sustainability（サステナビリティ）が重要だが，もう１つの「Ｓ」として Scaling（スケーリング）が重要であり，各社とも SDGs による進化型 CSV により，ベストプラクティスを広げスケールさせつつあると評価できる。

(2)　バリューチェーンの CSV

　伊藤園の茶産地育成事業は，ポーターらの CSV 論文における代表的事例である途上国でのネスレ社の共通価値の創造に近い事業だ。伊藤園の事例は先進国農業でも CSV 実現が可能であること，バリューチェーン全体で対応していることなどで応用が可能である。**モスフードサービス**は，バリューチェーン改革で商品差別化を成功させている事例である。

　大川印刷の印刷や**ミヤギ**の文具・オフィスなど生活文化に関わる業種は，消費者に近い身近なプラットフォーマーとして，バリューチェーンの見直しで中堅・中小企業ならではのコミュニティ密着型の SDGs を確立していくポテンシャルが高い。

　以上，バリューチェーンの CSV では，バリューチェーン全体で，目標12「持続可能な消費と生産」がレバレッジポイントである。

(3)　クラスターの CSV

　クラスターの CSV の事例では，SDGs 活用により共通にみられる効果は次だ。第一に，世界の共通言語である SDGs の活用により，客観的に CSV の社会課題を説明でき，弱点とされてきた CSV の社会側面との関連づけの補強につながった。第二に，クラスター CSV では，地方創生などで，ともすれば小規模な連携にとどまり大企業の参画につながりにくいが，今回のクラスター CSV の事例を見ると，いずれも大企業を含めた連携により事業のスケーリングにつながっている。

　滋賀銀行や肥後銀行では，SDGs の活用はまず部署内の改革に使い行員のモチベーションを上げ，モチベーションの上がった行員が顧客に対して提案を行う形だ。このようなプラットフォーマーが本格的に SDGs を活用すると，関係者への波及力が非常に大きい。政府により SDGs 未来都市も182の自治体が指定されているので，SDGs という共通言語を活用することが地域での効果的な連携につながる。また，滋賀銀行が参加した「TSUBASA アライアンス」は，SDGs アワード受賞企業の滋賀銀行の参加でそのノウハウの水平展開が図られることが期待される。

　KDDI，NTT ドコモ，NEC ネッツエスアイのように全国ネットワークがある ICT 企業が SDGs を本格活用すると，関係者との SDGs ネットワークが広がっていくので，SDGs 推進上の役割はきわめて大きい。ICT 企業にとって，目標11「持続可能な都市」も重要である。NTT ドコモは，SDGs 未来都市の白山市及び第 1 回ジャパン SDGs アワード特別賞受賞の金沢工業大学と組んでいる。このように，クラスター CSV は SDGs を活用すれば効果的に地方創生で展開できる。

　建設業・インフラ整備に関するクラスター CSV である**熊谷組**では，建設業は SDGs の17目標全てに関連し，建設業のレバレッジポイントは目標 9 のインフラ整備力で11番の持続可能な都市に貢献する点だ。最も連携が必要とされている分野で，SDGs 連携の輪を広げる余地が大きい。

　SOMPO は，今後データプラットフォーム事業などで幅広い連携が生まれ得るクラスター CSV の事例である。

　シダックスグループの CSV は「BtoP」（Business to Public）といった公共サービスとの関連や企業間アライアンスが参考になる。

　クラスターの関連で，SDGs 未来都市の代表事例にも触れておく。第 1 回 SDGs アワードの総理大臣賞の**北海道下川町**では，谷一之町長が，SDGs を地域活性化，地方創生のツールとして取り入れることを積極的に発信し，企業も巻き込んだ日本を代表する SDGs/CSV 活用によるクラスター形成に向かっている。

　以上のとおり，クラスター CSV では関係企業間での連携，インフラ整備，地方創生など，いずれもレバレッジポイントとしては目標17「パートナーシッ

プ」が重要である。

(4) 「統合型」の CSV へ

CSV の 3 つの方法のところで述べたとおり，3 つの方法は「主として」分類されるものであり，実際には統合的なアプローチが多い。

例えば，**セイコーエプソン**は「製品 CSV」を極め，ペーパーラボの導入先は SDGs 関連自治体や SDGs 企業が多い。そのコラボから，さらなる新商品開発や，ペーパーラボ導入仲間での「クラスター CSV」につながりつつある。すでに同社のペーパーラボの特設サイト[67]では導入相手からのストーリーが多く掲載され，相互に使い方のアイディアが広がり，「イノベーションの芽」の宝庫になった。SDGs による水平展開の効果が出ている。

モスフードは SDGs 活用の「バリューチェーン CSV」により新商品の開発で成功し，「製品 CSV」につないだ。そのうえ，1 つの成功（養殖真鯛のバーガー）から別途のパートナーシップ形成（獺祭の米粉パンで海外展開）に応用している。今後，日本全国での地産地消に拡大されれば，これは原材料供給者の「群」との「クラスター CSV」につながる。

SOMPO のデータプラットフォームは「クラスター CSV」でパートナーシップから入るが，そのプラットフォームから新事業や既存の保険事業での新商品開発の「製品 CSV」につながる可能性を秘めている。

これらは，進化型 CSV が SDGs 効果により，3 つの方法にとどまらず，いわば「統合型」CSV につながる可能性を秘めていることを示している。注目したいのは，成功事例ではすべて SDGs により社員の社会課題対処への「力量」の向上を伴っていることだ。

(5) 進化型 CSV に基づく SDGs 経営の効果

SDGs 活用前と活用後における社内での認識統一の状況や社外への発信効果の変化を時系列的な比較で検証した。その結果，CSV の 3 つの方法のいずれにおいても，SDGs 活用後には，SDGs により CSV で取り組む社会課題が明確化し社内では認識統一や社員のモチベーション向上に役立ち，社外には社会課題解決について明確化して伝わるという効果が見て取れる。

　ポーターらによる CSV の 3 つの方法は，もともと優れた整理であるが，これに SDGs の目標を当てはめると，進化型 CSV がさらに効果的に進む。事例分析から SDGs 経営の具体的効果をまとめると，次のとおりである。

①　取引相手の SDGs の活用を促す効果

　まず，CSV の 3 つの方法のいずれにおいても共通して，取引先に大きな影響力を有する企業の取り組みはその取引相手の SDGs の活用を促す効果がある。

　最近は，各社で SDGs のターゲットレベルでの当てはめ（トヨタ自動車，セイコーエプソンなど）が進み，取引先に影響を与えている。これらと取引しようとする企業は SDGs をターゲットレベルで理解する必要性が高まる。

②　SDGs 活用前後のレポート比較から見える訴求力の高まりと戦略の重要性

　SDGs 活用前と活用後のレポートの比較をすると顕著な訴求力の高まりが見られた。2017年頃までは，SDGs に関し，戦略を持って対応している企業は限られ，SDGs 活用を中長期計画や事業計画にまで反映させる企業は少なかった。

　しかし，2017年以降の SDGs への要請の高まりの中で，先進的な企業では，SDGs にも戦略が必要であることに気付き，SDGs 活用の効果を享受するために SDGs 経営をステップごとに戦略性をもって実践する企業が出現してきた。

　SDGs の「経営マター化」，つまり，経営戦略としての SDGs の活用が一層進んだということである。各社が経営戦略を立てて SDGs を活用した結果として，課題設定〜重点課題の選定〜目標設定〜発信という経営プロセスがその戦略に従っていることが見て取れる。いわゆるチャンドラーの「組織は戦略に従う」という流れが見えてきたと理解される。

③　取引先や NGO/NPO などとの目的の共有と関係者との連携

　SDGs を共通言語として使用することにより，取引先や NGO/NPO などとの目的の共有ができて関係者との連携も深まり，社会課題解決に向けてイノベーションが生まれる。

　例えば，伊藤園では行政・農業者との協働，NEC ネッツエスアイではハイブリッドワークの導入企業との連携，セイコーエプソンではペーパーラボ導入企業との連携が強まっている。

④　社員モチベーションの向上

　SDGs により社員がどのような社会課題解決に寄与しているかが客観的にわ

かるので，進化型 CSV では社員モチベーションの向上がみられる。

　例えば，**住友化学**の「グローバルプロジェクト」の活動はこの効果を強めている。**熊谷組**の社員アンケート結果は興味深い。**大川印刷**では社員を巻き込む仕組みを工夫している。このように，大企業のみならず，中小企業でも応用可能な戦略となり得ている。

⑤　**無形資産を浮き立たせる効果**

　SDGs の活用は，ブランド力，人材力，組織風土，ネットワーク力といった，財務諸表には出ない無形資産を浮き立たせる効果もある。経済産業省「SDGs 経営／ESG 投資研究会報告書」（2019年 6 月28日）では，「無形資産への投資は，SDGs 経営から価値を生み出すための重要な要素であるとともに，人材や企業を取り巻く環境・コミュニティへの投資はそれ自体 SDGs 達成につながる」としている（38ページ）。これが他社との差別化要素となるので，無形資産に関連する非財務情報を抽出し，財務データと結びつけて発信していくことが重要である。

　これにより，新たな価値創造につながるビジネスモデルであることが関係者に伝わる。この点でも世界の共通言語である SDGs を活用すると効果的である。

⑥　**まとめ**

　以上のとおり，「進化型 CSV に基づく SDGs 経営」では CSV の 3 つの弱点を補強して進化型 CSV につなげ，社会課題の明確化，メソッドの確立，発信強化につないでいる。そして，SDGs を経営戦略として中長期経営計画に盛り込み，経営資源の投入を行うことにより，上記の①から⑤で述べたような SDGs のメリットを享受できる SDGs 経営となっている。

　一方で，SDGs を活用しない経営はどのようになるのか，という論点がある。

　想定としては，上記のような SDGs 経営の効果が享受できないということである。社会課題への対応の社外訴求力についても，社員のモチベーション向上面でも，関係者からの SDGs への要請がますます高まる中で差がついていくと考えられる。

　筆者は特に人材採用面での差がすでにつき始めていると考えている。今や SDGs を深く理解し使いこなすことができる，「SDGs ネイティブ」が育ってきており，SDGs を推進していない企業には優秀な人材が集まらないからだ。今

後，第6章で後述する「人的資本経営」での開示とあいまって，この傾向は世界的にもますます加速していく。

7 事例から見る「ESG/SDGs マトリックス」の効果

(1)　ESG/SDGs マトリックスの経営上の効果

　ISO26000活用の「ESG/SDGs マトリックス」は，作成事例の分析から，ESG 投資家にも訴求し，SDGs への貢献を求めているマルチステークホルダーの要請にも応える効果があることが明らかになった。ESG/SDGs マトリックスを統合報告書や HP で開示していけば，社外関係者に対し，非財務情報の体系が明らかになり，サステナビリティ・マネジメント体系が強化される。

　ESG/SDGs マトリックス ver2.0は，経済産業省による「SDGs 経営／ESG 投資研究会」でも紹介された[68]。

　また，研究者からも，山崎［2018］が，筆者の ESG/SDGs マトリックス ver2.0を紹介し，「SDGs と ESG，ISO26000の3者をマトリックス化したものが図（注：筆者のマトリックス ver2.0の図表を引用）であるが，これに自社の事業や活動の目標を織り込んだ表現は，対象読者を問わず有効だと思われる」と分析。そして，「つまり，ESG 整理部分は投資家向けに有効であり，SDGs 対応部分はマルチステークホルダーの関心にこたえうるものである」と評価されている。

　事例分析の結果得られた，ISO26000活用の ESG/SDGs マトリックスの経営上の効果をまとめると次のとおりである。

①　サステナビリティ体系の社内外での「見える化」

　非財務情報に関しては，財務情報と異なり，数値データなどで示すことは難しい項目も多いので，情報の「体系」が重要である。ESG/SDGs マトリックスを作ると，非財務情報がすべて統合され，1枚で示す「鳥瞰図」になるので，サステナビリティ体系が「見える化」する。そのため，ESG/SDGs マトリッ

クスは社内理解と社外発信の両面で効果をもたらす。

② **マテリアリティの客観化**

　マテリアリティの特定にESG/SDGsマトリックスを活用できる。また，これを使うことにより社会課題対応についてSDGsを使えばより客観的に自社のマテリアリティを説明できる。

③ **企業の個性を浮き彫りにする**

　ESG/SDGsマトリックスが示す体系から，企業やその事業活動がどのSDGsに関連が深いかなどが分かり，企業の個性を際立たせることもできる。

④ **非財務情報・開示関連の外来語の「交通整理」**

　ESG/SDGsマトリックスでは，ISO，CSR，CSV，ESG，SDGsという関連概念について一覧性のある整理ができる。この結果，これらの用語に起因する社内外での混乱を回避できる。企業としては一定の「鳥観図」を持たないと対応にブレが生じるが，このような全体を統合した鳥観図を持つと様々な横文字での概念に対して統一的に対処できる。

⑤ **投資家対応への効果**

　ESG/SDGsマトリックスは，前述したESGとSDGsの関連性についての投資家と事業会社間での混乱を収斂させるうえで役立つ。また，関係機関との対話や調査に的確に対処できる。

　特に，投資家との対話（エンゲージメント）での効果が高い。ESG/SDGsマトリックスを示さず，ESG項目やマテリアリティだけで対話をするとESG項目ごとに投資家主導で議論が進みがちだ。これに対し，ESG/SDGsマトリックスを示すと網羅的に事業内容と体系が伝わるほか，事業会社サイドから注力分野を示して説明する機会を増やすことができる。つまり，マトリックスという事業会社側の「土俵」を作り，議論をリードしやすくなるという効果がある。特にSDGsのターゲットレベルでの議論に持ち込めば，投資家も事業の社会的価値を客観的に理解できるので，企業価値の評価向上につながる。

⑥ **「SDGsウォッシュ」の回避**

　SDGsを網羅的に当てはめているので，いわゆる「SDGsウォッシュ」（やったふりをしている，企業の都合でSDGsを選んでいる）という批判をかわすことができる。この点は，最近，欧米や国連で「SDGsウォッシュ」やカーボン

ニュートラルなどの「グリーン・ウォッシュ」を規制する動きが加速しているので留意が必要である。

⑦ **価値創造ストーリーの質を上げる**

ESG/SDGs マトリックスを作ったうえで，企業のパーパス，理念，ビジネスモデル，価値創造ストーリーの説明にあたり，世界共通言語であり良くできた体系である SDGs を使うと，「ストーリーテリング」の質が高くなる。良い CSV コンテンツを持っている企業は，SDGs に的確に当てはめ，この効果を享受できる。

さらに企業価値を向上させていくためには，メディアを含め，幅広いパブリックに伝えていくという意味での「パブリックリレーションズ」が今後ますます重要となってくる（[井之上喬]（2015））。特に，経営トップが発信すると効果が高い。

(2) ESG/SDGs マトリックスの社内浸透，「自分事化」の効果

上記に加え，社内がワンボイス化することが重要な効果である。この ESG/SDGs マトリックスに責任者の欄をつくれば，社内での SDGs 遂行の「自分事化」が進む。この点が重要だ。

ESG のみを打ち出したり，ESG/SDGs マトリックスを作らない SDGs では社員に紐付かず，SDGs の効果が経営層やサステナビリティ責任部署にとどまる。つまり社員から見れば，責任部署頼りの他人事となる。ESG/SDGs マトリックスに責任者を当てはめ，これに本業を主軸とした KPI を設定していけば，誰がどの活動をどの SDGs と紐付けて推進するのか責任が明らかになる。

世界共通言語である SDGs を使いターゲットレベルまで整理して，社内の責任部署に関連付けると「課レベル」くらいまで当てはめが進む。その結果，社内での「自分事化」が進む。こうして社内に浸透していき，社員は自分がどの世界課題に対処しているかがわかるので社員のモチベーションが上がる。

今後マトリックスを使いこなしていけば，SDGs のターゲットとシンクロさせた KPI を決めて，SDGs への貢献を業績評価の加算要素にしていく仕組みに発展させていくことが視野に入ってくる。この点は別稿に譲るが，役員・社員の評価においても SDGs を使うことで説得性の高い評価制度が設計できる。

⑶　SDGs は社員への紐付けツール

　ここで⑵に関連し，よく話題となる社内浸透について考えておく。

　「ESG 経営」という表現もよく見るが，ESG では社員への紐付けがしにくい。では，ESG 投資家にも響き，社員を含め他の関係者にも伝わりやすい方法は何か？　それが，SDGs である。

　SDGs は世界共通言語なので，対外アピールに使いやすい「ツール」ととらえることができる。つまり，SDGs は投資家を含めた関係者への「アピール項目」であり，一方 ESG は投資家向けの「チェック項目」であると理解できる。

　ESG のみを使ったり SDGs を「浅く」使ったりする（「SDGs に貢献」とだけ総論で言う，マークだけ列記するなど）ときの最大の課題は，社会課題の社員への紐付けが進まないことだ。

　よく見かける整理は，マテリアリティの項目ごとに SDGs のマークを並べるものだ。筆者はこれを「サヤ寄せ型」と呼んでいる。まだ SDGs の浸透度が低かった2017年頃ならともかく，今やこの整理方法では差別化できない。上記で述べた ESG/SDGs マトリックスのような効果は得られない。ESG/SDGs マトリックス ver3.0は紙幅を取るのが難点であるが，訴求効果が大きいので統合報告書などで「見開き 1 ページ」割くだけの価値が十分にある。

　一方，ESG は，投資家対応が軸になるので，経営者や株価対応セクションの話となりがちで，社員には紐付けしにくい。また，SDGs もターゲットレベルまで整理しなければ，社内での「自分事化」が進まない。この結果，経営者からよく聞くのが，ESG や SDGs を導入したのに一向に社内浸透しないという悩みだ。社員に紐付かない原因にようやく気が付き始めた企業が多いと思う。

　ESG という用語を使うのか，SDGs という用語を使うのかという言葉をめぐる「混乱」もある。前述のとおり，GPIF などの ESG 投資が SDGs を経営マターに押し上げて，けん引してきたのに，ESG という用語に惑わされ，皮肉な結果になっているのだ。

　GPIF の資料でも，明確に「ESG 投資」と企業の「SDGs 経営」を対比していた。経済産業省も，「SDGs 経営／ESG 投資研究会」でこの会合のタイトルの通り，事業会社は「SDGs 経営」，投資家は「ESG 投資」と使い分け，「SDGs

経営ガイド」を発表した。これは望ましい整理だと考える。

　筆者としては，「○○経営」と銘打つのは経営層の「好み」もあるし，企業の置かれた状況や戦略から選べば良いが，社外への訴求効果や社員への紐付けの観点からは「SDGs 経営」という表現をお薦めしたい。

(4)　ESG と SDGs の混乱を回避する

　ここで「ESG 経営」という言葉について違う角度から見ておこう。ESG はもともと投資家視点であったが，今や幅広い関係者からの要請として言葉が使われている。したがって，非上場企業にとっても，たとえば銀行関係や上場企業との取引などもあるので，重要である。ESG は今や，全ての企業にとって理解しておくべき用語となった。

　ESG 情報を加工して配信する，MSCI，FTSE，ブルームバーグなどの世界企業がある。これらの情報整理手法を見ると，企業から発出される有価証券報告書や統合報告書のみならず，プレスリリースやウェブサイトの内容に至るまで公表資料をデータベース化し，チェックを始めている。公表データだけでも相当の情報量になっている。

　ただし，課題は，前述のとおり，機関ごとに評価項目の内容が相当異なっていることだ。ESG のうち特に S に関してはその傾向が強く，労働慣行，人権，コミュニティ課題のどれを重視するかなどで，違いが出る。

　このような中で企業が「ESG 経営」という発信をすると ESG を意識した経営として印象付けることができるが，「いったい ESG のどの内容を強化するのか？」などと投資家から突っ込まれることになる。「ESG 経営」という言葉で打ち出すのであれば，E，S，G の評価要素について相当踏み込んだ情報開示が期待される。ESG の各要素を大きく見直す場合はともかく，ESG は事業会社からの発信強化には使いにくい用語だ。実行して当たり前のことを示す用語でもあるからだ。

　では，なぜ，企業が「ESG 経営」という言葉を選択しがちになるのか，筆者の経験から見ると，次のような要因があるのではないかと考える。

①　SDGs は網羅的で17目標と169ターゲットがあり複雑であるのに対し，ESG は要素 3 つだけなのでシンプルであること。

② 2030年というSDGsの目標年次が近くなったこと。

③ SDGsは国連が作ったもので，誰一人取り残さないといった側面の印象が強く，ともすれば「社会貢献的」というとらえ方になること。

④ SDGsを「ツール」として割り切りにくいこと。

①から③については，前述のとおり，SDGsは今後とも世界共通言語としての有用性があり，企業の本業での社会課題解決が期待されていることをよく理解したうえで，むしろ目標年次が決まっていることも生かしてSDGsのメリットをねらうべきだ。

最後の，SDGsを「ツール」として割り切るのは，企業として抵抗があるかも知れないが，SDGsは自主的取り組みが基本であり，活用するかしないか，そしてどのように活用するかは企業の判断次第である。「2030アジェンダ」では企業の役割が重視されており，前述のとおり，2030年までに年間12兆ドル（約1,320兆円）の新たな市場機会が生まれるとの試算もある（世界経済フォーラム（ダボス会議）。SDGsを積極活用するという意味では，いわば「BDGs（Business Development Goals）」ととらえるとわかりやすいと思う。

以上の中で，最近では「サステナビリティ経営」という，より抽象的な表現が多くなった。これでは当たり前のことを言っており，あまり訴求力は出ないと思うが，「サステナビリティ経営」と表現した場合であっても，実質面で，事業会社はSDGsを活用する「SDGs経営」を行うという理解の上に立つことが要諦である。

(5) 「笹谷マトリックス」でSDGs経営を支援

事例分析の結果として，ISO26000活用のESG/SDGsマトリックスは，ESG投資家にも訴求し，SDGsへの貢献を求めているマルチステークホルダーの要請にも応える効果があることを明らかにした。進化型CSVとそれを加速するSDGs経営の支援ツールとしての「ESG/SDGsマトリックス」は日本企業にとっての新たな競争戦略として有効であると結論付けたい。

以上から，筆者は，「ESG/SDGsマトリックス」ver2.0及びver3.0をサステナビリティ・マネジメントの体系としてメソッド化し，「笹谷マトリックス」（SDGs経営支援ツール）と称して様々な企業での作成を通じ発展させている。

　政府の SDGs 政策のまとめである SDGs 推進本部による「SDGs アクション
プラン2022」「同2023」でも，施策一覧の整理に当たり，簡易ながらマトリク
ス（目標レベル）が採用されている。また，熊本県の SDGs 登録制度の審査
でもターゲットレベルでのマトリックスが使われている。このようにマトリッ
クスの整理が様々に広がってきたことはよい傾向である。

　経済産業省が「SDGs 経営ガイド」を発表し，SDGs 経営を推進しているの
で，「笹谷マトリックス」が，効果的な SDGs 経営の支援に役立てば幸いである。

第5章のまとめ

○SDGs を導入すると，社会課題の客観化，リスク回避，社員のモチベーショ
　ン向上，ステークホルダーとの目的の共有，発信など広範な効果が見込まれる。
○SDGs 経営の効果検証のための分析にあたり，第3章で抽出した SDGs 経営
　の5つの要素を用いた。また，効果測定のために，SDGs 活用前と活用後
　（2017年以降）の各社における企業内での認識統一や社外での社会課題解決企
　業であることの伝わり方の変化を時系列的に比較した。
○SDGs を推進する複数の日本企業に当てはめて，企業価値の向上と社員モチ
　ベーションの向上という SDGs の効果を享受し得るかどうか効果検証を行う
　ため複数の企業のケーススタディを行った。
○事例選定は，政府によるジャパン SDGs アワード受賞企業などの日本企業を
　中心として，ポーターらの CSV の3つの方法に即して事例を選定した。
○マトリックスについては，セイコーエプソン，モスフードサービス，SOMPO
　ホールディングスなどを選定した。検証に当たっては統合報告書などの資料の
　ほか，経営幹部へのインタビューも行った。
○検証してみると，CSV のいずれの方法においても，国際的な共通言語である
　SDGs を活用することで社会課題が明確化され有効な新たな競争戦略になっ
　ている。また，これは大企業のみならず，中小企業でも応用可能な戦略となり
　得る。また，SDGs 活用前後では大きな違いがある。以上から，「進化型
　CSV に基づく SDGs 経営」の効果が確認できた。
○また，ISO26000活用の ESG/SDGs マトリックスを使う経営は，いずれもマ
　テリアリティを含めた効果的な発信につなげることができ，ESG 投資家の開
　示要求に応え，かつ，SDGs への貢献を効果的に示すことに成功している。
○以上から，本書で示した，進化型 CSV とそれを加速する SDGs 経営の支援

ツールとしての「ESG/SDGs マトリックス」は日本企業にとっての新たな競争戦略として有効であると結論付けたい。

【注】

1　第2回（2018年）に滋賀銀行やフジテレビジョンなど，銀行，メディアや中小企業にすそ野が広がった。第3回（2019）では，内閣総理大臣賞に魚町商店街振興組合，外務大臣賞に株式会社富士メガネ。そして，特別賞に公益社団法人日本青年会議所が受賞していることが注目される。第4回（2020年）には内閣総理大臣賞にみんな電力株式会社のほか，特別賞に富士通株式会社，阪急阪神ホールディングス株式会社が受賞。
　　第5回（2021年）には内閣総理大臣賞に株式会社ユーグレナのほか，外務大臣賞に株式会社 HAKKI AFRICA，特別賞に株式会社シュークルキューブジャポン，株式会社荏原製作所，株式会社エルコムが選定。第6回（2022年）は外務大臣賞に株式会社 Frank PR と株式会社太陽油化が選定された。
2　日本経済新聞社が上場企業など国内637社についての SDGs 経営調査によるランキング。2019年12月に発表。
3　日本経済新聞2023年2月24日付の広告特集
　　https://marketing.nikkei.com/column/cis2023.pdf（閲覧日：2023.4.20）.
4　東洋経済新報社の CSR データベースから ESG と人材活用(H)の4分野で2005年以降，企業評価。
　　https://toyokeizai.net/articles/-/462366（閲覧日：2023.4.20）.
5　https://toyokeizai.net/articles/-/452611?page=4（閲覧日：2023.4.20）.
6　日本経営品質賞は，1995年12月，新しい価値を創出し続ける「卓越した経営の仕組み」を有する企業表彰制度，日本生産性本部が創設。
7　住友レポート2021など
　　https://www.sumitomo-chem.co.jp/ir/library/annual_report/files/docs/scr2021.pdf（閲覧日：2023.4.20）.
8　住友化学の「経営として取り組む重要課題」
　　https://www.sumitomo-chem.co.jp/sustainability/management/materiality/（閲覧日：2023.4.20）.
9　https://www.sumitomo-chem.co.jp/sustainability/information/library/files/docs/sustainability_data_book_2022.pdf（閲覧日：2023.4.20）
10　更家悠介社長は，サラヤは利益優先でなく，環境，自然に配慮した商品及び世界的な環境保全や貧困対策などの社会貢献の2点であると強調（更家悠介『これからのビジネスは「きれいごと」の実践でうまくいく』東洋経済新報社・2016）。
11　東京サラヤ株式会社の社長補佐　更家富美子氏による。2018年8月から11月に実施された丸の内プラチナ大学 SDGs ビジネス速修コース（筆者が講師）での発言。
12　https://www.saraya.com/csr/media-download/638/ab3d45fa9c7df1b2/（閲覧日：2023.4.20）.
13　https://global.toyota/jp/sustainability/report/sdb/（閲覧日：2023.4.20）.
14　https://global.toyota/jp/sustainability/（閲覧日：2023.4.20）.
15　Global 100は，カナダの調査会社であるコーポレート・ナイツ（Corporate Knights）が，年間売上高10億ドル（約1,100億円）以上の世界約7,500社に対して，最大21の定量的主要評価指標をもとに分析し選出。

https://www.corporateknights.com/reports/global-100/（閲覧日：2023.4.20）.

16　2019年 7 月号 広報会議,「広報のための SDGs 入門 2 」での鼎談
https://mag.sendenkaigi.com/kouhou/201907/introduction-sdgs-2/016305.php（閲覧日：2023.4.20）.

17　https://cdn-nc.yokogawa.com/19/20727/tabs/ir_2018yreports.pdf?_ga=2.188478507.229360069.1691102646-395206092.16911026458（閲覧日：2023.7.20）.

18　https://cdn-nc.yokogawa.com/19/20727/tabs/ir_2022yreports_facingpage_r1.pdf?_ga=2.230357151.229360069.1691102646-395206092.1691102645（閲覧日：2023.7.20）.

19　「DAIKEN グループレポート2019」での億田正則社長との対談内容を踏まえている。
https://www.daiken.jp/ir/groupreport/pdf/index/all_DAIKEN_REPORT2019_S.pdf（閲覧日：2023.7.20）.

20　https://www.kantei.go.jp/jp/singi/sdgs/japan_sdgs_award_dai1/siryou2.pdf（閲覧日：2023.4.20）.

21　https://ssl4.eir-parts.net/doc/2593/ir_material_for_fiscal_ym3/128431/00.pdf（閲覧日：2023.4.20）.

22　詳しくは同レポートの P. 15-16全体を参照。
https://ssl4.eir-parts.net/doc/2593/ir_material_for_fiscal_ym3/128431/00.pdf（閲覧日：2023.4.20）.

23　「サステナビリティレポート2015特集編」P. 14「第三者意見　名和 高司氏」
https://ssl4.eir-parts.net/doc/2593/ir_material_for_fiscal_ym3/128420/00.pdf（閲覧日：2023.4.20）.

24　https://www.porterprize.org/（閲覧日：2023.4.20）.

25　https://fortune.com/change-the-world/2016/（閲覧日：2023.4.20）.

26　例えば，水尾［2018］，井之上［2015］など。

27　https://www.kanto.meti.go.jp/seisaku/sdgs/data/ohkawainsatsu.pdf（閲覧日：2023.4.20）.

28　「第 2 回わが社の SDGs 勉強会」
https://newswitch.jp/p/16719（閲覧日：2023.4.20）.

29　https://www.miyagi-net.co.jp/pages/55/（閲覧日：2023.4.20）.

30　https://shigoto100.com/2019/12/craftdesigntechnology.html（閲覧日：2023.4.20）.

31　2020年 2 月20日実施の「未来まちづくりフォーラム（第 2 回）」スペシャル・シンポジウムで高橋祥二郎頭取も登壇（筆者がファシリテーター）。本稿はその時のインタビューも踏まえている。

32　2019年 3 月実施。
https://www.kddi.com/corporate/sustainability/dialog/2018-01/（閲覧日：2023.4.20）.

33　人材活用，環境，企業統治＋社会性，財務などで評価。
https://toyokeizai.net/articles/-/624359（閲覧日：2023.4.20）.

34　https://www.shidax.co.jp/500/（閲覧日：2023.4.20）.

35　https://www.shidax.co.jp/dcms_media/other/annual-review_2022.pdf（閲覧日：2023.4.20）.

36　役員などを対象に，2018年11月に筆者が「ESG 時代の SDGs 活用と価値創造」というテーマで講演。
https://corporate.epson/ja/sustainability/report/pdf/2019/epson_sr2019_all_j.pdf（閲覧日：2023.4.20）.

37　Forbes JAPAN Web での筆者によるインタビュー記事（2022.01.24）

https://forbesjapan.com/articles/detail/45422（閲覧日：2023.4.20）.

38　https://corporate.epson/ja/sustainability/initiatives/sdgs.html（閲覧日：2023.3.3）.

39　Forbes JAPAN Web での筆者によるインタビュー記事（2022.01.24）
https://forbesjapan.com/articles/detail/45422（閲覧日：2023.4.20）.

40　外務省の制作する番組（YouTube）で紹介されている。
https://www.youtube.com/watch?v=vBFPM3yS6f8（閲覧日：2023.4.20）.

41　https://marketing.nikkei.com/column/cis2023.pdf（閲覧日：2023.4.20）.

42　MOS REPORT モスグループ統合報告 2020
https://www.mos.co.jp/company/social_activity/pdf/mos_csr20_all.pdf（閲覧日：2023.4.20）.

43　42参照

44　https://www.mos.co.jp/company/social_activity/pdf/mos_csr22_all.pdf（閲覧日：2023.3.3）.

45　Forbes JAPAN Web での筆者による記事（2022.01.02）
https://forbesjapan.com/articles/detail/45146（閲覧日：2023.4.20）.

46　Forbes JAPAN Web での筆者によるインタビュー記事（2022.04.15）
https://forbesjapan.com/articles/detail/46952（閲覧日：2023.4.20）.

47　https://www.sompo-hd.com/-/media/hd/files/doc/pdf/disclosure/hd/2022/hd_disc2022.pdf?la=ja-JP（閲覧日：2023.7.20）.

48　本稿は2019年2月6日のインタビュー記事に基づいて記述している（インタビューワー筆者，インタビューイーは笠原慶久・肥後銀行頭取）。
https://www.sustainablebrands.jp/article/story/detail/1195896_1534.html（閲覧日：2023.4.20）.

49　https://www.pref.kumamoto.jp/uploaded/attachment/150155.pdf（閲覧日：2023.4.20）.

50　https://www.pref.kumamoto.jp/soshiki/18/80968.html（閲覧日：2023.4.20）.

51　Society 5.0とは，サイバー空間（仮想空間）とフィジカル空間（現実空間）を高度に融合させたシステムにより，経済発展と社会的課題の解決を両立する，人間中心の社会（Society）と定義。狩猟社会（Society 1.0），農耕社会（Society 2.0），工業社会（Society 3.0），情報社会（Society 4.0）に続く，新たな社会を指す。これは，第5期科学技術基本計画において我が国が目指すべき未来社会の姿として提唱された。

52　https://www.nesic.co.jp/ir/library/vt7sk600000018va-att/01.an2022_j.pdf（閲覧日：2023.4.20）.

53　2018年5月14日に実施されたステークホルダー・ダイアログ
https://www.nesic.co.jp/csr/dialogue2018.html，（閲覧日：2023.4.20）.

54　https://www.nesic.co.jp/ir/library/vt7sk600000018va-att/01.an2022_j.pdf（閲覧日：2023.4.20）.

55　https://www.nesic.co.jp/sustainability/group/engagement/（閲覧日：2023.4.20）.

56　https://www.kumagaigumi.co.jp/csr/item/KG_2022_WEB_all_1006_2.pdf（閲覧：2023.4.20）.

57　「熊谷組グループ コーポレートレポート2022」より。参加の有識者は，鈴木亮氏（日本経済新聞編集委員），吉高まり氏（三菱UFJリサーチ＆コンサルティング株式会社フェロー プリンシパル・サステナビリティ・ストラテジスト），名和高司氏（一橋大学大学院経営管理研究科客員教授）。
https://www.kumagaigumi.co.jp/csr/csrreport/index.html（閲覧日：2023.4.20）.

58　https://www.skyperfectjsat.space/sustainability/materiality/（閲覧日：2023.4.20）.

59　https://www.dcm-hldgs.co.jp/grp/sustainability/materiality/#sec2（閲覧日：2023.4. 20）.

60　https://www.crecia.co.jp/sustainability/vision/（閲覧日：2023.4.20）.

61　統合報告書2020，2021
　　https://www.ykkap.co.jp/company/jp/download/（閲覧日：2023.4.20）.

62　https://www.kntcthd.co.jp/csr/sdgs/pdf/csr_report.pdf（閲覧日：2023.4.20）.

63　https://www.nipponroad.co.jp/ir/assets/library/integrated-report/2022.pdf（閲覧日：2023.4.20）.

64　https://www.e-nexco.co.jp/csr/group/sdgs.html（閲覧日：2023.4.20）.

65　https://www.nicho.co.jp/corporate/sustainability/materiality/（閲覧日：2023.4.20）.

66　https://www.milbon.com/ja/commitment/sustainability/（閲覧日：2023.4.20）.

67　https://www.epson.jp/products/paperlab/（閲覧日：2023.4.20）.

68　経済産業省ホームページ，2018年11月26日，資料5　事務局説明資料
　　https://www.meti.go.jp/shingikai/economy/sdgs_esg/pdf/001_05_00.pdf（閲覧日：2023.4.20）.

■ 第6章

激動の世界と羅針盤としてのSDGs

第5章までで，SDGs経営の基礎から実践方法を示した。

最近はSDGsをめぐる変化が激しくかつ加速度がついている。そこで，この章では，最新のESG関連情勢とSDGsの関連を扱い，さらなるSDGsの応用につなげる。

特に，新型コロナウイルスのパンデミック，カーボンニュートラルの本格化，ロシアのウクライナ侵攻という，世界の人々の健康と価値観，地球環境，国際ルールを激変させている事項にSDGsの視点で触れていく。

これらはすべてビジネスに幅広く大きな影響を及ぼしており，ESG投資のうねりにも関連している。また，ビジネスと人権，サプライチェーンマネジメント，人的資本経営などの最新のトピックスにも波及する。

ESGとSDGsの違いの正確な把握も重要だ。ESGは主として投資への対応で経営者マターであるが，これに対しSDGsは経営力と社員力の強化に両方に効果が出る。

2025年に迫った，大阪・関西万博は，日本企業のSDGsについて絶好の発信機会であることにも触れていく。

以上の視線でSDGs実践の「応用編」として活用されたい。

1 激動の時代を変革で乗り切る

(1) VUCAの時代

ここ数年は，世界の人々の健康と価値観，地球環境，国際ルールを激変させる出来事が次々と起こり，次のような状況も加わっている。

- ウィズ・コロナの在り方の模索
- ロシアによるウクライナ侵攻の長期化や，米中対立の激化に伴う政治・経済の両面での国際社会の分断が加速

- グローバルサプライチェーンの混乱やエネルギー・食料価格の高騰
- 急激に進んでいるインフレと世界的な景気後退への懸念の高まり

「はじめに」で述べたように，現在の企業経営の外部環境は「先行きが不透明で，将来の予測が困難」な状態を意味するVUCA（ヴーカ）の時代に入った。V（Volatility：変動性），U（Uncertainty：不確実性），C（Complexity：複雑性），A（Ambiguity：曖昧性）だ。

世界的なプロフェッショナルサービスファームであるPwC Japan グループでは，これを読み解くメガトレンドとして，「気候変動」「テクノロジーによるディスラプション」「人口動態の変化」「世界の分断化」「社会の不安定化」の5点を挙げる[1]。

この時代に経営者はどのような意識を持って経営にあたっているのか。世界的なファームの強みを生かして調査した「世界CEO意識調査」[2]（2023年2月）が参考になる。これは毎年実施し，今回は第26回目で，世界105か国・地域のCEO4,410名を対象に2022年10月から11月にかけて実施（日本では176名のCEOが回答）。日本版の調査結果概要から興味深い点を抽出する。

まず，世界経済の見通し。世界全体のCEOの73％，日本のCEOの65％が2023年の世界経済の減速を予測。経済成長率について直近10年間で最も悲観的な見通しを示している（**図表6-1**）。

2020年はコロナ懸念があり悪化（53％が減速と回答），2021年，2022年と少し回復が見えたところに2023年調査では，2022年のロシアによるウクライナ侵攻の影響が出て，地政学的対立とそれがもたらす国際経済・社会の断絶やインフレがクローズアップされ，急速に悪化（73％が減速と回答）した。

この調査では，変革に関する質問がある。世界全体のCEOの40％近くが，変革なしでは自社は10年後まで存続できないと回答しているが，この質問には地域差が大きく出ている（**図表6-2**）。

日本は「変革なしでは自社は10年後まで経済的に存続できない」が72％であるのに対し，米国では20％と大きく結果が違う。これはまさに日本での「変革」の遅れを反映した結果だとみることができる。

思えば，今，日本では変革が叫ばれ「Xの時代」だ。Xとして，CX（カスタマー・エクスペリエンス），DX（デジタル・トランスフォーメーション），

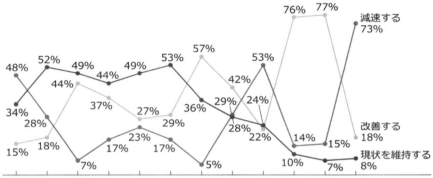

図表6-1　世界CEO意識調査での景気の見通し

世界全体のCEOの73%，日本のCEOの65%が2023年の世界経済の減速を予測

質問：今後12ヵ月において，世界の経済成長（GDP）はどのように変化するでしょうか。

「減速する」と回答したCEOの割合
世界全体：73%　日本：65%　米国：84%　中国：45%

（出所）　PwC Japan（2023）「第26回世界CEO意識調査」より

図表6-2　世界のCEOの変革に関するとらえ方

日本のCEOは「現在のビジネスのやり方」が適用するのは10年以内だと考えている

質問：貴社は現在のビジネスのやり方を変えなかった場合，経済的にどの程度の期間存続
できるとお考えですか。

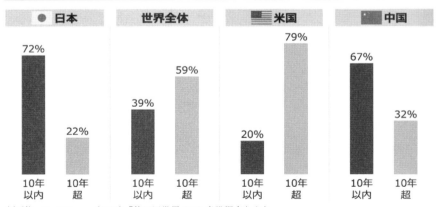

（出所）　PwC Japan（2023）「第26回世界CEO意識調査」より

GX（グリーン・トランスフォーメーション），HX（ヒューマン・トランスフォーメーション），D&IX（ダイバーシティ＆インクルージョン・トランスフォーメーション）など。これらの「X」を総合化して変革するのがSX（サステナビリティ・トランスフォーメーション）だ。

このようにXが多いのは日本が様々な変革に出遅れたからだ。日本は変革の遅れにCEOが危機感を持っているものの，いまだ受け身的にとらえている姿が浮き彫りになった。これではとても世界で戦えないだろう。

(2) 「ステークホルダー資本主義」

これに関連し，資本主義の見直しの動きも加速している。きっかけは，2019年8月に米国の大手企業で構成される非営利団体「ビジネス・ラウンドテーブル」による声明だ。企業が株主の利益を第1とする「株主資本主義」がもたらした格差拡大や短期的な利益志向などの問題点を指摘した。そして，持続可能な社会に向けて，従業員，取引先，顧客，地域社会といったあらゆるステークホルダーに対応する「ステークホルダー資本主義」に転換すべきとした。

このステークホルダー資本主義は，2020年1月の世界経済フォーラム（ダボス会議）でも主題となった。同フォーラムでは，ステークホルダー資本主義を提唱する「ダボス・マニフェスト2020」も発表された。

(3) 変化の時代の羅針盤——SDGs

このような「サステナビリティ」「ステークホルダー資本主義」という変化の時代に生きるビジネスパーソンは，世界を理解するための羅針盤が欲しくなる。それこそまさにSDGsだ。世界共通の羅針盤であるSDGsを使う経営を学んだビジネスパーソンは，優位性を発揮できると思う。なぜなら，SDGsが人の未来志向と変革志向を養成するからだ。

SDGsを盛り込んだ国連の2030アジェンダの文書の題名に「我々の世界を変革する」とあるとおり，SDGsの実践は社内外に変革をもたらす。SDGsを変革の羅針盤として使うべきだ。

一方，SDGsの認知度が高まったとはいえ，それがなぜ世界に通用する共通言語なのか，その原点が忘れられかけている。SDGsは円環バッジでも17色の

マークでもなく，SDGsは「17目標と169のターゲット」からなる，国連合意文書「2030アジェンダ」35ページのうちの15ページにもわたる重たい約束である。

このような中で，日本の現状はどうか。日本は世界に比べ，SDGsの浸透には出遅れてしまったが，いったん弾みがつけば加速度がつくのも日本の特色だ。ともすれば「ガラパゴス的に」グローバルな動きに遅れがちな日本こそ，改めてSDGsを羅針盤として使いこなし，世界の動きに出遅れないようにしていく必要がある。

このためには，カーボンニュートラルをはじめとして，ESG投資のうねりがみられる中で，関連するビジネスと人権，サプライチェーンマネジメント，人的資本経営といった最新課題についても，SDGsを自在に使いこなす必要がある。それを担う，いわば「SDGsネイティブ」と呼ぶことができる人材が求められる。

(4)　ターゲットレベルでSDGsを使いこなす

企業はSDGsの17目標だけでなく，その下の169のターゲットレベルまで使いこなす必要がある。169のターゲットを読み始めると，奥が深い。これは交渉過程で各国からいろいろな要素が持ち込まれたからだ。これを「ドラフティング」というが，その結果なので複雑になっている。

169のターゲットは小数点で示され，ターゲットごとに課題が複雑に盛り込まれていて，1つのターゲットの課題でも，1社でこなすことは難しいケースが多い。むしろ，各ターゲットの一部しか該当しないようなものが多くある。なぜなら，これらのターゲットは1社で対応できるわけではなく，地球上のすべての関係者で解決しようというものだからだ。このため，ターゲットレベルで当てはめ作業を開始した企業が，とたんに「フリーズ」してしまうことが多い。169のターゲットを読み込むと多くの有益な「キーワード」が盛り込まれているので，そのレベルで該当させてもよいのである。

またよく問題になるのは，目指すターゲットが見つからない場合の対応だ。

例えば，美容関係の会社などでは「美」という要素はどこに入っているのか，となる。無理に当てはめれば，目標3「保健」の中に入るが，すっきりしない。

日本特有の少子高齢化や老後の生活の豊かさといったものも入っていない。

　SDGs は193か国の合意でできており，全てが盛り込まれたものではない。また，今後進化するプロセスであり，リスク管理事項は厳密な当てはめを要するが，未来志向の課題は足りない点はこれからの提案につなげていくというような意識でフレキシブルに考えていくべきだ。

(5)　SDGs 達成世界ランキングの正しい読み解き方

　SDGs 達成度の国別ランキングを見ると，日本は2017年の11位をピークに順位を落とし，2023年には21位だ。国際的な研究組織「持続可能な開発ソリューション・ネットワーク」（SDSN）が毎年6月に発表する「Sustainable Development Report」（持続可能な開発報告書）によるものだ[3]。

　ランキングでは，1位フィンランド，2位スウェーデン，3位デンマーク，と北欧諸国がトップ3にランクイン。その後も日本が21位に登場するところまですべて欧州勢で，このランキングは欧州のものかと勘違いしかねないほどである。ちなみに米国は39位，中国は63位である。

　では，日本の「21位」はどう理解すべきであろうか。

　G7では，独，仏，英には抜かれているが，例えば，「人口規模」で見た場合，人口1億人以上の国という切り口で見れば，日本がトップとなり健闘している。やはり人口は国力のひとつの指標である一方，1億人を超えるとそれなりに課題も多くなるからだ。

　日本は，SDGs の目標のうち「ジェンダー平等」や「気候変動」などに課題が残るものの，その他の目標に対しては評価が高い。特に「技術」や「教育」分野では世界的に認められている。

　また，ランキングのベースとなる SDGs の各目標に対する「指標」の設定にも難しさがある。例えば，目標11「持続可能な都市」の指標は，都市部のスラム人口，都市部の粒子状物質（PM2.5）量，改善された水源へのアクセス，公共交通機関に対する満足度の4点。先進国都市では，1～3の指標はクリア済みが多いので，4番目の「公共交通機関に対する満足度」の数値に差が出ることになるが，これだけで目標11の達成度を評価できるだろうか。

　ほかの指標も似たような欠点があるので，一概に「日本はだめ」「日本はす

ごい」と判断することはできない。以上のことから，達成度ランキングの結果に一喜一憂してはいけないことがわかる。内容をよく分析し，経時変化も重視すべきだ。

　ただ，日本人はこのような世界ランキングの結果を悲観的に見てしまいがちだ。最近の日本人の「自虐的なマインド」が出る。日本人はそろそろ根拠のない自虐性から脱却し，日本の，また日本人の良さを改めて認識し，世界の中で客観的に位置付けていくアプローチが必要だろう。

　日本にはSDGsを加速させるためのポテンシャルがある。まず，少子高齢化や地域の過疎化という課題がある「課題先進国」でありながら，同時に「課題解決力」も備えている。日本企業は，SDGsの各目標を達成するための高い技術力と商品開発力が世界からも期待されている。

　また，日本には古くから「和の精神」もある。これはSDGsの目標17「パートナーシップ」が根づいている証拠だ。

　今後さらに，これらのポテンシャルを発揮するためには，柔軟に世界の動きに対応する必要がある。SDGsの「解読」作業に時間をかけ，国内の横並び志向で対応する，といった日本独特の速度感では，SDGsの推進でも「ガラパゴス化」してしまうリスクがあると筆者は危惧している。

　日本では，モノだけでなくさまざまなルール形成についても，ガラパゴス化してしまう危険がある。変化が激しい世界の動きについていけなくて国際標準からかけ離れてしまい，世界には通用しない日本独自の制度が残ってしまうのだ。

　SDGsでは，従来のCSRに関するルール以上に，創造性の発揮とイノベーションによる課題解決力の面で企業の役割が重視されている。この中で，ユニリーバ社，ネスレ社，エリクソン社，コカ・コーラ社，グーグル社といった多くの世界企業が，SDGsの活用や国連関係者との連携で先を行っている。

2 | カーボンニュートラルと SDGs

(1) カーボンニュートラルとは何か

　まず喫緊の課題として，カーボンニュートラルと SDGs を考える。

　2020年10月，日本政府は2050年までに温室効果ガスの排出を全体としてゼロにする，カーボンニュートラルを目指すことを宣言した。背景には，IPCC が2018年10月に「1.5℃特別報告書」を発表し，脱炭素化への動きが一気に加速したことがある。

　IPCC（Intergovernmental Panel on Climate Change：気候変動に関する政府間パネル）は，世界気象機関（WMO）および国連環境計画（UNEP）により1988年に設立された政府間組織で，2021年8月現在，195の国と地域が参加している。IPCC の目的は，各国政府の気候変動に関する政策に科学的な基礎を与えることで，定期的に報告書を作成する機関である。「第6次評価報告書」（2022年4月）では，「人間の影響が大気，海洋及び陸域を温暖化させてきたことには疑う余地がない」と明記した。

　同報告書は，気候変動の影響を緩和するには，気温上昇を2℃ではなく，1.5℃に抑制する必要があり，CO_2排出量を2030年までに45%削減し，2050年までに実質ゼロにしなければならないとの見解を示した。これを受け日本を含め，各国での動きも加速した。

　「カーボンニュートラル」の概念は，環境省によれば，温室効果ガスの排出量と吸収量を均衡させることだ。「排出を全体としてゼロ」というのは，二酸化炭素をはじめとする温室効果ガスの「排出量」（人為的なもの）から，植林，森林管理などによる「吸収量」（人為的なもの）を差し引いて，合計を実質的にゼロにすることを意味する。カーボンニュートラルの達成のためには，温室効果ガスの排出量の削減と並び吸収作用の保全及び強化をする必要がある。

(2) 「グラスゴー気候合意」の意義

　そして，2021年に英国グラスゴーで行われた COP26では，成果文書「グラ

スゴー気候合意」（Glasgow Climate Pact）を採択した。

　合意文書には，「1.5℃目標」について，「1.5℃以内に抑える努力を追求する決意」という表現が盛り込まれ「パリ協定」より踏みこみ，「世界の二酸化炭素排出量を2010年比で2030年までに45％削減し，今世紀半ばにはネット・ゼロにすることが必要である」という一文も盛り込まれた。

　全ての国が，2022年に2030年までの排出目標について，5年に一度，条約事務局に提出することを義務付けた「国が決定する貢献（Nationally Determined Contribution：NDC）」と命名された削減計画を再検討し強化する。

　パリ協定の実施指針（ルールブック）についても，未決定だった同協定6条（市場メカニズム）に関する基本的な基準について合意し，これによってパリ協定が完全に運用されることとなった。

（グラスゴー合意に至るまでの各国の主な動き）

　2015年のパリ協定から2021年のグラスゴー合意に至るまでの各国の主な動きは次のとおりだ。

- IPCC が2018年10月に「1.5℃特別報告書」を発表すると，脱炭素化への動きは一気に加速
- これを受け，2019年9月に開催された国連気候行動サミットでは，77か国が実質ゼロ排出への支持を表明
- 欧州委員会は2050年までに「気候中立」を達成，2030年までにCO_2排出量を半減することを「欧州グリーンディール」政策の目標とする。2021年6月，EU はその目標に法的根拠を与える欧州気候法を制定し，2030年目標をさらに55％に引き上げ
- 中国は2020年9月の国連総会で，習近平国家主席が2060年までに排出ゼロを目指すと発表
- 日本は2020年10月，菅義偉首相が所信表明演説で2050年をめどとする脱炭素化を宣言，その後2021年4月に日本の2030年目標を2013年度比46％に引き上げ
- パリ協定を離脱していた米国も2021年1月，バイデン新政権発足後，すぐにパリ協定に復帰。2050年までに脱炭素社会を達成することを宣言。バイデン大統領は自ら主催した2021年4月の気候サミットで，CO_2排出量を2030年までに2005年比で半減することを約束

(3) IPCC の「第 6 次統合報告書」

　そして，2023年 3 月には，IPCC が，気候変動の最新の科学的知見をまとめた「第 6 次統合報告書」を公表した。これは「統合」報告書であり，重要なものだ。

　19世紀後半からの気温上昇を1.5℃または 2 ℃に抑えるために「この10年間に急速かつ大幅な，即時の温室効果ガス排出量削減」を要請している。1.5℃目標に向け2019年比で35年に60％減とすると明記して，今後10年の対策は「数千年先まで影響を持つ」と強調した。

　この数値は，国連がパリ協定の参加国に 5 年ごとの提出を求めた NDC（国が決定する貢献）の基準になる。国連では，カーボンニュートラルの達成に向けて，パリ協定参加国に削減目標の進捗の報告を 5 年ごとに求めている。

　第 6 次統合報告書のポイントは次のとおりである。

- 人間活動による温室効果ガス排出が，地球温暖化を引き起こしてきたことに疑いの余地はない
- 2011〜2020年の世界の平均気温は1850〜1900年を既に1.1℃上回っている
- 気候変動は既に地球上のあらゆる地域に影響を与え，損失と被害をもたらしている
- 気候変動は世界中で海水面の上昇など極端な変化をもたらしており，世界の約33億〜36億人が，非常に脆弱な状態で生活している
- 2021年10月までに各国が発表した温室ガス削減計画に基づく2030年排出量では，今世紀中に温暖化が1.5℃を超える可能性が高く， 2 ℃未満に抑えることがさらに困難になる
- 温暖化抑制には二酸化炭素（CO_2）の排出ゼロが必要。この10年の排出削減が気温上昇を1.5℃に抑えられるかを大きく左右
- 1.5℃に抑えるには，2030年までに温室ガスを 4 割，2035年までに 6 割削減し，2050年代前半に CO_2 排出量を実質ゼロにすることが必要

　報告書を受け，国連のグテーレス事務総長は「気候の時限爆弾が時を刻んでいる」と危機感を示し，各国が示している温室ガス削減目標の前倒しを求める談話を発表した。排出実質ゼロの時期に関し，先進国は2040年，新興国は2050

年にできるだけ近い時期とする目標を設けるよう求めた。また，G20に対し，2023年11月にアラブ首長国連邦（UAE）で開かれるCOP28が終了するまでにこうした目標を示すよう促している。

(4)　日本の約束

　カーボンニュートラルで重要な要素が各国の事情や国際情勢にあわせて決められるエネルギー政策だ。エネルギー源を組み合わせて，「S＋3E」，つまり，安全性の「S」を前提に，安定供給，経済性，環境の3つの「E」をバランスよく実現することが基本となる。

　日本では，国の新たなエネルギー基本計画（2021年10月）には，2050年のカーボンニュートラル，2030年の目標や取り組みも記載されており，要点は，省エネを進めるとともに，再生可能エネルギーを最大限取り入れるなどの「エネルギーミックス」を目指すことだ。

　「2030年にはCO₂排出量46％削減（2013年度比）」という目標を設定している。「エネルギーミックス」の構成は，再エネ36〜38％，原子力20〜22％，火力41％，水素・アンモニア1％となっている。

　エネルギー基本計画（2021年10月）の主な事項は次のとおりだ。

- CO₂を出さない発電方法（ゼロエミッション）の比率を，2019年の24％程度から2030年には59％程度へ。
- 発電するときなどに出るCO₂の排出量は2019年では10.3億tだったものを，2030年には6.8億t程度にまで削減。
- 2019年時点での日本のエネルギー自給率は12.1％だったものを，2030年に30％程度を目標。
- このため，次のようなエネルギー政策に取り組んでいく。
- 再生可能エネルギー：最優先で最大限の導入に取り組み，主力電源化を目指す。地域との共生，コスト削減，安全対策，再エネが受け入れられるような技術開発やルール作り，次世代技術の研究など。
- 原子力：安全を最優先に再稼働を進める。できる限り依存度を減らしつつ，世界で最も厳しい基準をクリアし，安全を最優先に国民の理解を得ていく。
- 火力（LNG，石炭，石油）：電気の安定供給の調整力として活用する。できるだけ比率を引き下げていく。

2023年2月には，原発の新規建設や60年を超える運転を認めることを盛り込んだ「GX（グリーン・トランスフォーメーション）実現に向けた基本方針」が閣議決定された。

　背景として，カーボンニュートラルを宣言する国・地域が増加（GDPベースで9割以上）し，排出削減と経済成長をともに実現するGXに向けた長期的かつ大規模な投資競争が激化していること。そのため，GXに向けた取り組みの成否が，企業・国家の競争力に直結する時代に突入した。また，ロシアによるウクライナ侵攻が起こり，我が国のエネルギー安全保障上の課題を再認識すべきであることなどを挙げている。

　こうした中，エネルギーミックスの構成は変えないが，東京電力福島第一原発事故以降の原発政策の転換が正式な政府方針となった。

　これを受けて，この方針を実現するための「GX推進法」と「GX脱炭素電源法」が2023年5月に国会で成立した。

　「GX推進法」（脱炭素成長型経済構造への円滑な移行の推進に関する法律）は，①10年間で20兆円のGX経済移行債の発行，②CO_2の排出に課金する「カーボンプライシング」，③150兆円を超える官民のGX投資を促進することなど，基本方針を実現するための経済的な方策について示している。

　一方，「GX脱炭素電源法」は，原子力基本法，原子炉等規制法，電気事業法，再処理法，再エネ特措法の改正案5つを束ねたものである。国の責務で原発を活用し，現行の原発の運転期間を原則40年にするという規定を廃し，60年を超えた原発も経済産業省の認可で稼働できることを盛り込んだ。

　今後の主なポイントは，GX推進戦略の策定・実行，GX経済移行債の発行，成長志向型カーボンプライシングの導入，GX推進機構の設立，進捗評価と必要な見直しなどである。

⑸　気候変動の開示ルール

　気候変動では開示ルールが重要となっている。TCFD（気候関連財務情報開示タスクフォース）は，企業の気候変動への取り組みや影響に関する財務情報についての開示のための枠組みだ。気候変動がもたらす「リスク」及び「機会」の財務的影響を把握し，開示させることをねらいとする。具体的には，気

候変動が企業にどのような影響を与えるかについて，次の4項目で開示が求められている。

---

① ガバナンス（Governance）：
　どのような体制で検討し，それをリスク面・機会面で企業経営に反映しているか。

② 戦略（Strategy）：
　短期・中期・長期にわたり，リスク面・機会面で企業経営にどのように影響を与えるか，シナリオ分析も行う（2℃以下シナリオなど，様々な気候関連シナリオに基づく検討を踏まえて，組織の戦略のレジリエンスについて説明）。

③ リスクマネジメント（Risk Management）：
　気候変動のリスクについて，どのように特定，評価し，またそれを低減しようとしているか。

④ 指標と目標（Metrics and Targets）：
　リスクと機会の評価について，どのような指標を用いて判断し，目標への進捗度を評価しているか。ここにスコープ1，2，3の温室効果ガス排出量と，その関連リスクについての開示が含まれる。

　ここに出てくる「シナリオ分析」は，企業が独自のシナリオを描くことも可能だが，投資家が見る場合に説得性のある結果になるよう，ある程度，定型的なシナリオで整理することになる。

　具体的なイメージとしては，自社のビジネスモデルに関わりの深い制度や技術，重要度の高い地域・原材料等に対して，気候変動がどのような影響を及ぼすのか検証する。例えば，「農産物を原料とする企業は，気候変動で農産物の収穫や質がどう変化するか」「石炭や石油を扱う企業はいつまで続けていけるのか」などだ。実際の作業はかなり専門性を伴うことから，TCFDによる「指標，目標，移行計画に関するガイダンス」（日本語版もある）をはじめ，様々なガイダンスも出ている。

　気候変動によって引き起こされる影響分析については，TCFDによって移行リスクや物理的リスクが示されている。

　「移行リスク」とは，低炭素社会への移行は，政策，法律，技術，市場の変化を伴うため，企業の財務やレピュテーション（評判）に様々な影響を与える

ことである。TCFD提言によると，「移行リスク」はさらに「法や規制に関するリスク」「テクノロジーリスク」「市場リスク」「レピュテーションリスク」の4つに分類される。

「物理的リスク」とは，気候変動による災害等により顕在化するリスクで，個別の気象事象による「急性リスク」と気候パターンの変化による「慢性リスク」に分類される。

また，気候変動リスクは既存のリスクとは異なり，認知されてからの期間が浅いため，まだその管理手法はまだ十分に確立されていない。今後の知見の蓄積が待たれる状況である。この作業を経て，重要度に沿って整理して「マテリアリティ（重要課題）」に仕立てて，影響を評価していくことになる。

気候変動対策の強化の動きと連動して，このTCFDへの賛同者が急速に増加し，世界全体では金融機関をはじめとする3,640の企業・機関が賛同を示し，日本では1,010の企業・機関が賛同している（2022年7月25日時点）。それらの中には，金融庁，環境省，経済産業省やGPIFも含まれる。

この日本の賛同者数は世界一であり，2位の英国461，3位の米国420を大きく引き離した数となっている。その要因の1つが，2019年5月27日に，一橋大学大学院・伊藤邦雄特任教授をはじめとする計5名が発起人となって設立された，「TCFDコンソーシアム」だ。

TCFDによる開示の手法は，コーポレートガバナンス・コードの改訂後，プライム市場に上場する企業の開示ルールになったこともあり，急速に浸透している。

ここで，把握しておくべきことは，シナリオ分析などは専門家が行うが，その前提となるシナリオ選びやリスク分析結果は，事業に大きな影響を与えるものであり，かつ，これは，投資家がチェックする事項であるという点だ。投資家は，リスク管理面のみならず，競争戦略上の機会確保の観点からもチェックしている。経営者も投資家の目線に立ち，自社のビジネスモデルの持続可能性について十分に理解した上で発表する必要がある。だからこそ，この4項目の中でもガバナンスが重視されている。

(6) 「スコープ1，2，3」

気候変動では，サプライチェーンを通じた排出量の把握が重要で，「スコープ（Scope）1，2，3」という。排出削減目標の設定に向け，まずは自社の温室効果ガス排出量を把握する。次にサプライチェーン排出量として，事業者自らの排出だけでなく，事業活動に関係するあらゆる排出を合計した排出量の削減が求められる。その算定結果は，「温室効果（GHG）プロトコル」という決まりに基づく，3つのスコープに分類される（「スコープ」とはもともと「範囲，領域」を意味する単語）。

Scope 1：事業者自らによる温室効果ガスの直接排出（燃料の燃焼，工業プロセス）

Scope 2：他社から供給された電気，熱・蒸気の使用に伴う間接排出

Scope 3：Scope 1，Scope 2以外の間接排出（事業者の活動に関連する他

図表6-3 スコープ1，2，3

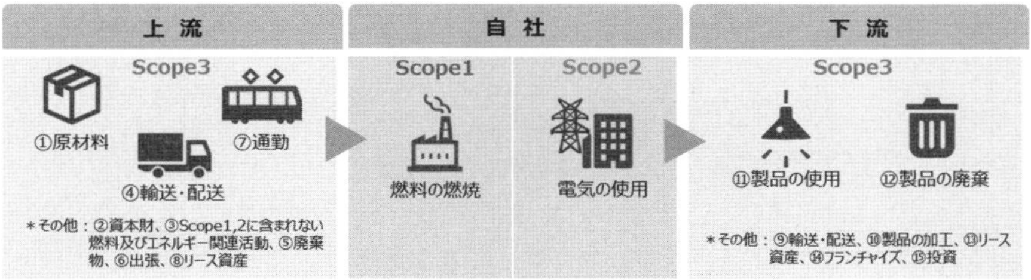

Scope 3 カテゴリ			
1	購入した製品・サービス	9	輸送，配送（下流）
2	資本財	10	販売した製品の加工
3	Scope 1，2に含まれない燃料及びエネルギー活動	11	販売した製品の使用
4	輸送，配送（上流）	12	販売した製品の廃棄
5	事業から出る廃棄物	13	リース資産（下流）
6	出張	14	フランチャイズ
7	雇用者の通勤	15	投資
8	リース資産（上流）		その他（任意）

（出所）　環境省・経済産業省 HP「グリーン・バリューチェーンプラットフォーム」[4]

社の排出）

結果として，排出量総体は次のとおりになる。

サプライチェーン排出量＝Scope1排出量＋Scope2排出量＋Scope3排出量

それぞれの内容は，環境省の**図表6-3**のとおりである。このうち，スコープ1，2は割と簡単に算定できると思うが，スコープ3（15のカテゴリーがある）になると，出張者や通勤は別として，かなり複雑で把握しにくい項目が含まれるため，サプライヤーの協力も必要である。

(7) カーボンニュートラルとSDGsの関係

SDGsは，17目標だけでなく169のターゲットレベルまで使いこなし，17目標の相互関係も意識する必要がある。

この視点で，気候変動とTCFDの関係をSDGsで整理してみる。気候変動の目標13にはターゲットが3つある。3つのうち「13.3」に「制度機能」とあるが，TCFDの開示ルールはまさにこれに該当する。

また，カーボンニュートラルの課題は，目標13だけでは達成できない。

森林吸収源の目標15と再生可能エネルギーの目標7，さらには技術革新の目

図表6-4　SDGsの総合性：気候変動TCFDとSDGs

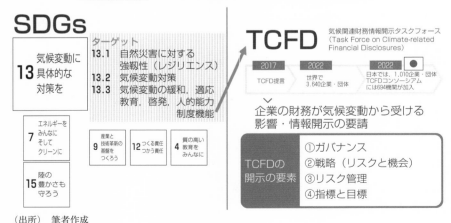

（出所）　筆者作成

180

標9も必須であり，サーキュラー・エコノミーの目標12や人材育成の目標4も必要だ。このように気候変動の対処には総合的な思考が必要であり，それに役立つのがSDGsである（**図表6-4**）。

3 ウクライナ侵攻等の危機管理とサプライチェーン

(1) ロシアのウクライナ侵攻とSDGs

　ロシアのウクライナ侵攻が2022年2月24日に起こった。今から振り返ると，2015年9月に国連で全加盟国193か国により，2030年を目指し，SDGsを盛り込んだ「2030アジェンダ」が合意されたことは，「奇跡的」といえるかもしれない。2015年はロシアによるクリミア侵攻の後であり，米国でのトランプ政権の誕生前という特別な年であった。

　国連合意文書「2030アジェンダ」とSDGsは，「独り歩き」を始め世界中に浸透した。

　ウクライナ侵攻後は，各種の重要な国際会合では合意が危ぶまれていたが，例えばG20首脳会議（インドネシア・バリ，2022年11月15～16日）では，なんとか「バリ首脳宣言」が合意された。その共同宣言でも，随所でSDGsの達成の重要性が確認されている。

　ウクライナ侵攻により国連の機能低下が露呈され，国連が作ったSDGsの権威は低下したのではないか？　という議論がある。ロシアによるウクライナ侵攻は世界の安全保障をはじめ様々なシステムに大きな影響を与えた。安全保障のみならず，経済制裁などを通じた経済問題，サプライチェーンの問題，難民への支援などを含めて複雑だ。

　このような中で国連について，特に安全保障理事会が機能を十分に果たせていないとの批判が起こっているが，安全保障以外の局面でも国連の機能が果たされていないかどうかは別問題だ。WHO，ユネスコなど様々な国連機関の役割を代替えできる組織があるわけではない。

　また，2015年の国連での全加盟国193か国の合意文書そのものは歴史的文書

として「ピンで止まっており」，その内容が否定されたわけではない。

　以上のことから，国連の機能論に関しては今後もよく見極めていく必要はあるが，国連193か国の合意があるという重さと，それによって築き上げられたSDGsの権威が揺らぐものではない。G7をはじめとする西側諸国の共通の価値観として，一層その重要度は増していく。いずれにしてもSDGsに向いている日本としては，これをうまく羅針盤として活用していくことがポイントだ。

(2)　危ぶまれるSDGs16

　ロシアのウクライナ侵攻で起こっていることは，SDGs目標16の「平和と公正性」を根底から揺るがすものだ。SDGs目標16のマークをよく見てほしい。平和の象徴のハトがギャベル（gavel：裁判や議会などで用いられる儀礼用の小型の木槌）の上に乗っている。これもSDGsのターゲットレベルまで見ないとよく理解できない。

　目標16は正確には，「持続可能な開発のための平和で包摂的な社会を促進し，すべての人々に司法へのアクセスを提供し，あらゆるレベルにおいて効果的で説明責任のある包摂的な制度を構築する」というものだ。

　そして，ターゲットのキーワードだけ改めて拾うと次のようになる。

16.1　暴力，16.2　子供虐待，16.3　司法への平等なアクセス，16.4　組織犯罪，16.5　汚職や贈賄，16.6　透明性の高い公共機関，16.7　対応的，包摂的，参加型及び代表的な意思決定，16.8　グローバル・ガバナンス機関への開発途上国の参加，16.9　出生登録を含む法的な身分証明，16.10　情報への公共アクセス，16.a　テロリズム・犯罪の撲滅に関する国際協力，16.b　持続可能な開発のための非差別的な政策推進。
※　最後のa，bとあるのは制度的なターゲットである。

　ターゲットまで見ると，報道などで目にすることは上記の様々な侵害に直接的または間接的に該当することがよく分かる。このように，SDGsはターゲットレベルまで見ないと意義が薄い。現在，ウクライナで起こっていることの裏付け作業が進んでおり，国際司法裁判所に持ち込まれれば，戦争犯罪への糾弾といった動きにつながる。そして目標16を中心に平和と公正性の両方の側面か

ら事態が評価されていくことであろう。

⑶　ウクライナ侵攻が浮き彫りにしたサプライチェーン管理の重要性

　企業にとって SDGs は事業のチャンスリストであると同時に，リスクの洗い出しにも役立つ。これまでは環境，人権，法令，労働が主なリスクであったが，今は健康リスクと世界の情勢リスク・地政学的リスクが重要要素として加わった。ウクライナ侵攻は，より深刻なサプライチェーンへの影響を及ぼしている。欧米諸国によるロシアに対する経済制裁もあり，エネルギーに加え食料などの基幹的な物資に影響を与えている。

　食料について見ると，ロシアとウクライナは，いずれも世界の農産物の重要な純輸出国であり，食料の世界市場への供給をけん引している。また，ロシアは，窒素肥料輸出で世界第 1 位になるなど，肥料輸出大国でもある。

　そのロシアに対し，食料や肥料の輸出制限がかけられた。それが世界の国々の食料価格の上昇につながり，安定的な食料供給システムに影響している。ロシアからの食料輸入国では食料危機が懸念される深刻な事態になり，各国が自国の食料確保のために輸出に規制をかけることになった。

　日本でも2022年から2023年にかけて，エネルギー・食料の物価上昇が家計を直撃している。企業では，原料価格の上昇をどのように販売価格に転嫁していくかなど，難しい判断を迫られている。

　そして多くの企業がサプライチェーン・マネジメントについて根本から見直さざるを得ない状況にまで追い込まれている。このように地政学的リスクは，サプライチェーンの各段階がどの国で行われているかに関わる。

　これに関連し，米国などで，CSR を超えて CPR（Corporate Political Responsibility：企業の政治的責任）という表現も使われている。もともとは政策へのロビー活動をはじめとする企業の政治活動や政治・政府との関わり方を捉えた考え方であるが，参考になる。CPR のために SDGs を「混迷の時代の羅針盤」として活用することができる。

　企業の SDGs 経営への取り組みは，これまではどちらかといえば，社会課題の解決を通じた新たなビジネスの機会，といった文脈でチャンスの面が強調さ

れることが多かった。しかし、コロナ禍やウクライナ侵攻によって、SDGsがリスク管理にも活用できることに注目が集まっている。

先進的企業ではSDGsのターゲットレベルまで使いこなし、サプライチェーンに関わるリスクを洗い出している。サプライチェーンに最も関連するSDGsは目標12「持続可能な消費と生産」だ。この目標には、前出のとおり次のターゲットがある。

> 12.8 2030年までに、人々があらゆる場所において、持続可能な開発及び自然と調和したライフスタイルに関する情報と意識を持つようにする。

このように、消費者からも持続可能なライフスタイルに向けた情報開示が求められている。調達や製造の現場からの情報に対し、SDGsやサステナビリティ部門がチェック役となる。そして何よりも重要なのは、経営層がSDGsを「経営マター」として捉え、責任あるサプライチェーン・マネジメントを行うことだ。

(4) 新型コロナウイルスとサプライチェーン管理

これまでもサプライチェーンの脆弱性の補完は、大きな災害時に認識され、企業はBCP（事業継続計画）などでリスクを想定しながら動いてきていたものの、新型コロナウイルスは災害とは異なる影響を与えている。

まず、新型コロナウイルスのパンデミックはグローバリゼーションのもとで、ヒト・モノ・カネが自由に移動することを前提とする貿易システムを直撃した。ヒトの移動に各国独自で規制をかけざるを得ない事態となった。特に、国により新型コロナの罹患状況や対策の違いから、ある国の新型コロナ対応の変化により部品の調達などに支障が出る事態が続発した。

また、観光産業や航空業は、そもそもサプライチェーンの「顧客」である「ヒト」が移動しないという深刻な状況になった。サプライチェーンの問題がサービス業でも起こることを示した。

その後、2022年に入りようやく世界でヒトの移動が活発化し始めている中で、中国の上海などで取られたロックダウン（都市封鎖）は、改めて多くの企業に

影響を与えた。

　OECD 及び ILO は，新型コロナウイルスにより，労働条件に関するサプライチェーン及び会社運営における脆弱性が浮き彫りにされた旨を指摘している。「経済産業政策新機軸部会中間整理」（2022年6月13日，産業構造審議会，経済産業省）では，「新型コロナウイルスを受けたサプライチェーンの寸断の例」を次のように整理している[5]。

- 世界全体では，「旅客機の減便が航空輸送の減少に」
- 米国では，「入国に伴う隔離措置が技術者の移動の妨げに」
- 東南アジアから日本では，「自動車部品，電子部品の供給途絶」
- 中国では，「春節後，出稼ぎ労働者が地方から戻らず，労働力不足に」「都市封鎖による陸上輸送の遅延，中国発コンテナ船の減便」。中国から日本では，「自動車部品・電子部品の供給途絶」
- EU では，「移民の停滞が労働力不足に」「国境通過に要する時間が増大」。EUから世界では，「医療関連物資の供給途絶」。

(5)　「サプライチェーン管理と人権」と SDGs

　「ビジネスと人権」は，欧米が歴史的に重視している。かつて植民地を有していた欧州では，移民政策との関連で人権と労働慣行が重要だったからだ。多様な人種から構成される米国でも人権意識が極めて高い。

　これに対し，日本では人権に関してこれまで欧米ほど重要な論点となってこなかったが，ビジネスのグローバル化に伴い，サプライチェーン上で外国での活動も増え，サプライチェーンと人権課題が日本企業にとっても重要になっている。グローバルに展開する企業では，欧米の規律が適用される局面も急速に増加している。

　このことを浮き彫りにしたのが，中国の新疆ウイグル自治区で日本のグローバル・アパレル企業が遭遇した，綿花の調達に関する問題であった。新疆ウイグル自治区ではジェノサイド（大虐殺）や強制労働が起こっているとして欧米諸国が問題視，アメリカの税関当局が当地区の強制労働に関与していない十分な証拠がないとして，当該日本企業のシャツの輸入を差し止めた。またフラン

スも調査を開始，このことは世界中の話題となった。

　その後，アメリカで2022年6月21日に施行された「ウイグル強制労働防止法」は，中国の新疆ウイグル自治区で強制労働によって生産された製品を全面的に締め出すことを目的とする。この規制は，日本企業も含め大きな影響を与えると考えられる。

　このように，「ビジネス，特にサプライチェーンと人権」は日本企業にとっても喫緊の課題となった。

　政府は，2022年9月13日に「責任あるサプライチェーンにおける人権尊重のためのガイドライン」を策定した。企業に対し，人権方針の策定，人権デュー・ディリジェンスの実施，人権に関する救済などの対策の実施を促した

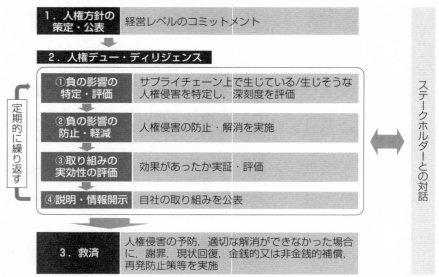

図表6-5　「責任あるサプライチェーンにおける人権尊重のためのガイドライン」のポイント

（注1）　ガイドラインでは，日本で事業活動を行う全ての企業に，1．人権方針の策定・公表，2．人権デュー・ディリジェンスの実施，3．救済の実施を求めている。
（注2）　これら取り組み全体において，ステークホルダーとの対話が重要。
（出所）　経済産業省「責任あるサプライチェーン等における人権尊重のための実務参照資料（令和5年4月）」[6]

（ポイントは**図表6-5**を参照）。

　このうち重要なプロセスが，「デュー・ディリジェンス」である。これは，「Due：当然の，正当な」「Diligence：精励，努力」という意味で，「DD（ディーディー）」と略されることもある。もともとは，主にM&Aや組織再編を行う際に使われていた。同じような手法を「人権」に適用するのが，「人権デュー・ディリジェンス」である。人権課題について，事業を推進する前に，詳細な調査・分析を行い，実際の悪影響および潜在的な悪影響を明らかにすることである。

　この内容を見ると，また新たな規律が生まれたかのように感じる方も多いかもしれないが，実は，「人権デュー・ディリジェンス」という概念と手法は，前述の通り，2010年発行のISO26000で大きく打ち出されたものだ。

　特にグローバル展開している企業は早急にこのガイドラインに即した対応をとる必要がある。業界団体などでも，会員企業に対する人権尊重の取り組みの推進や，国際的なガイドラインの周知啓発など，取り組みが加速している。

　ここで，ビジネスと人権に関する国際的動きの基本を振り返っておくと次のとおりである。

〈ビジネスと人権に関する国際的動き〉

　人権について，様々な国際機関のガイドラインなどが提示されてきた。

　○OECD「多国籍企業行動指針」（1976年）

　○国連グローバルコンパクト（1999年に提唱された）

　○国連責任投資原則（PRI，2006年）

　○ジョン・ラギー国連事務総長特別代表による「保護，尊重及び救済」枠組み報告（2008年）

〈人権に関する国際ルールで重要なもの〉

　これらの動きを受けてできた人権に関する国際ルールで重要なものは，次のとおりである。

　○国連「ビジネスと人権に関する指導原則」（2011年）

　　ビジネスと人権の関係を，人権を保護する国家の義務，人権を尊重する企業の責任，救済へのアクセスの3つの柱に分類。人権尊重の具体的方法として「人権デュー・ディリジェンス」の実施も規定。

○ISO26000「社会的責任の手引き」（2010年）

○「持続可能な開発目標」（SDGs）（2015年）

○国際労働機関（ILO）「多国籍企業及び社会政策に関する原則の三者宣言」（「ILO 多国籍企業宣言」）（2017年）

　社会政策と包摂的で責任ある持続可能なビジネス慣行に関して，企業（多国籍企業及び国内企業）に直接の指針を示した。

　調達―製造―販売のサプライチェーンの各段階に関連する，SDGs のターゲットを洗い出すとリスク管理に役立つ。このように SDGs はサプライチェーン上のリスク管理にも活用していくべきだ。

　特に，調達時の課題に対しては，「認証マークを取得済みのものを使用する」「工場の労働環境をチェックする」といった配慮をする。社会的責任を果たすには，センシティブな国や原材料の場合は，現地視察・調査が必須だ。SDGs のターゲットレベルでの洗い出しのイメージは次のとおりである（**図表**

図表6-6 **サプライチェーンにおける SDGs のターゲットの洗い出し（例）**

（出所）　笹谷秀光『Ｑ＆Ａ　SDGs 経営　増補改訂・最新版』（日本経済新聞出版・2022）

6-6）。

　最近はパーム油が重要課題の1つとなっている。新たな問題は次々に発生するので，サプライチェーン・マネジメントの担当者は常に世界で何が問題になっているのかをウォッチし，SDGsを羅針盤として自社に照らし合わせて先読みして対処することが必要だ。

　サプライチェーン管理の要諦は，次の5点である。

ポイント：サプライチェーン管理の要諦
① 消費者に選ばれないようなものは作らない。
② 調達問題発生時のレピュテーション（評判）・ダメージが非常に大きい。
③ 従って，企業規模を問わず，経営マターとしてサプライチェーン・マネジメントに取り組む。
④ 常に世界情勢の分析を怠らない。
⑤ 以上を経営問題として経営層が把握する。

　中堅中小や非上場企業の企業も，必ずどこかのサプライチェーンに属している。企業は，自社がサプライチェーンのどこに位置し，問題が起きた際にどのような影響があるかを把握すべきだ。そうすることによって，ビジネスモデルの見直しにもSDGsが有効である。

4 ｜ 6つの資本と人的資本経営

(1)　活用が進む「6つの資本」の概念

　IIRC（国際統合報告評議会）が2013年に発行した統合報告書のための「国際統合報告フレームワーク」では「6つの資本」が示され，それが今重要性を増している。IIRCは，企業の価値創造は次の「6つの資本」により形成されると整理している。

---

① 財務資本　Financial capital
② 製造資本　Manufactured capital

---

③　知的資本　Intellectual capital
④　人的資本　Human capital
⑤　社会・関係資本　Social and relationship capital
⑥　自然資本　Natural capital

　そのうえで，企業活動では，これらの資本を使ってどのようなビジネスモデルの下でどのような価値を創造するプロセスであるかを示すよう求めた。
　自社を取り巻く外部環境を整理し，6つの資本に分けて自社の分析を行い，それをビジネスモデルの特性として生かし，いかに価値創造するかを示す。その結果，6つの資本にどのような結果をもたらすかを整理するというものだ。
　それを示すために「タコ足」のような図を作ったので「オクトパス・モデル」と呼ばれている。いかにも国際機関官僚らしい，興味深い整理だと思う。

(2)　6つの資本と SDGs

　SDGs ができてからは，2013年の図版に6つの資本と SDGs の目標の紐付けも示している（**図表6-7**）。この紐付けは，国連の SDGs が他の国際機関にも浸透しているので興味深い。また，IIRC がまとめてきた6つの資本を SDGs という世界の共通言語に関連付けることで，6つの資本のねらいが分かりやす

図表6-7　IIRC の示す6つの資本と SDGs

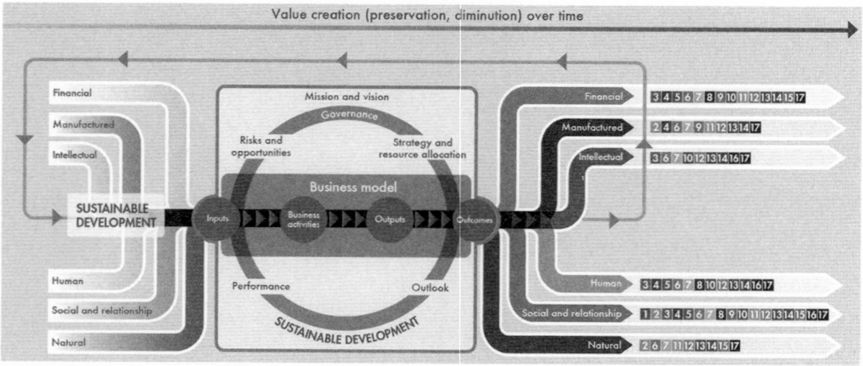

（出所）　IIRC「The Sustainable Development Goals, integrated thinking and the integrated report」[7]

くなる。

やや煩雑な図版だが，今後よく踏襲されると思うので，英語のまま掲載しておく。

(3)　「6つの資本」を使った統合報告

このフレームワークに即して，財務情報と非財務情報を統合した「統合報告」を作成する。この作成プロセス自体も，組織内部の縦割りを取り除く「統合思考」と「統合的意思決定」につながるので，経営に役立てるべきとされている。

この整理により，どのような資本を使って，どのような価値を生んでいるかを理解することができる。大変参考になるので，自社の価値創造ストーリーを6つの資本に絡めて試作してみることをおすすめする。

IIRCの発表当時は，これに即した整理をする企業が多くあった。しかし，この6つの資本の整理は専門的で，一般には理解が難しい面があるため，幅広い対外発信には使いにくいと考える企業では，様々に改造してきている。

筆者が統合報告書作成の責任役員をしていた伊藤園では，「統合レポート2017」で価値共創ストーリーを示すため，オクトパス・モデルも使ったので，ご参照いただきたい。

(4)　「6つの資本」とESG/SDGs

6つの資本の整理により，他社と差別化する競争戦略が求められている。いずれもESGとの関連で重要だ。

カーボンニュートラルは，全ての資本に関連するが，特に製造資本，自然資本に関連している。サプライチェーン管理も，6つの資本全てに絡んでくる。

自然資本に関連し，2022年12月の生物多様性条約COP15で「昆明・モントリオール生物多様性世界枠組（GBF）」が採択された。2010年に採択された「愛知目標」の後継となる目標で，2030年までに陸域と海域の30％以上を保全する「30by30目標」などがターゲット（行動目標）に位置付けられた。2023年3月には「自然関連財務情報開示タスクフォース」（TNFD）のVer. 0.4が発表され，今後，企業はTNFDに沿った情報開示が求められていくので注視

すべきだ。TCFDの「自然版」ともいえるもので TCFD と同様の体系になっている。まず理解を深めるべきは上記の GBF の内容である。主として，SDGs目標15「陸上資源」に該当する。

そして，最近特に注目されているのが，ESG の「S」の重要要素である，人的資本だ。SDGs でいえば，目標4の「質の高い教育」と，目標8の働き方改革に直接絡む事項である。いよいよ，SDGs を経営に生かす「SDGs 経営」の本領が問われ，企業により差がついていく。「人的資本経営」は，人材を「資本」として捉え，その価値を最大限引き出すことで中長期的な企業価値向上につなげる経営のあり方だ。

(5) 「人的資本」の情報開示

この6つの資本のうち，今なぜ「人的資本」が重要視されるのであろうか。経済産業省では，国際的なルール化が進んでいる面と情報開示との関係の視点から，専門である伊藤邦雄氏を座長にした人的資本に関する研究会を開催し，その報告書として，「持続的な企業価値の向上と人的資本に関する研究会報告書」（通称「人材版伊藤レポート」）を2020年9月に公表，2022年5月には，さらに実践に向けた具体的事例などを明示した，「人的資本経営の実現に向けた研究会報告書〜人材版伊藤レポート2.0〜」[8]を公表した。

人的資本重視の背景として，同レポートでは，次の3点に着眼している。

① デジタル化の進展：デジタル化の進展によって，人材に求められるスキル・能力が急速に変化していること。

② 脱炭素化：脱炭素化をはじめとする新たな事業機会の創出に向け，高度な専門性と多様な視点を持った人材と，動的な人材ポートフォリオの構築の必要性が生じていること。

③ コロナ禍による意識変化：コロナ禍によって，リモートワークなど働くことそのものや働き方に対する人々の意識変化が生じ，企業も生産性向上を図る必要性が生じていること。

「人的資本経営」は，日本だけでなく，世界でも注目が集まり，人的資本経営の情報開示に向けた制度化も進んでいる。2018年には ISO が人的資本の情

報開示に特化した初の国際規格「ISO30414」を発表した。これは ISO26000の
ようなガイダンス規格ではなく，一定の手続きで認証を受ける「認証規格」で，
「社内外に対する人的資本の情報開示のガイドライン」という名称だ。次の11
領域（49項目）にわたる人的資本の情報開示規格である。

（ISO が示している11領域）
コンプライアンスと倫理，コスト，ダイバーシティ，リーダーシップ，組織文化，
組織の健康・安全・福祉，生産性，採用・異動・離職，スキルと能力，後継者育
成，労働力確保

ISO30414にのっとって人的資本の情報開示を行うことで，世界のどの国の
企業であっても同じように人的資本状況を把握し比較することが可能になる。
米国では2020年に，米国証券取引委員会（SEC）が上場企業に対し「人的資本
の情報開示」の義務化を発表するなど，世界では情報開示の制度化が進んでい
る。ここがポイントで，人的資本経営も世界的視野での投資家からの情報開示
の要請と密接に関係があるのだ。

国内でも，2021年6月に，東証がコーポレートガバナンス・コードを変更し，
次のような「人的資本に関する記載」が盛り込まれた。

① 管理職における多様性の確保（女性・外国人・中途採用者の登用）につ
　　いての考え方と，測定可能な自主目標の設定

② 多様性の確保に向けた，人材育成方針・社内環境整備方針をその実施状
　　況とあわせて開示

③ 人的資本等への投資等について情報を開示・提供すべきであること

「人材版伊藤レポート2.0」は，人的資本経営を，どう具体化し，実践に移し
ていくかを主眼として，変革の方向性を示している。人材戦略に必要な3つの
視点と5つの共通要素を挙げるほか，報告書には7項目の取り組み事項が盛り
込まれている。それぞれの項目ごとに企業の実践事例も示されているのでどの
企業がどのような項目を実行しているかが分かる。

従来の経営は人材を「資源」として捉え，「相互依存，囲い込み型」になっ

ていた。これに対し，人的資本経営では人材を「資本」とみなして「個の自律，選び選ばれる関係」と捉えている。報告書で示された，現状と今後のあり方の要点は**図表6-8**のとおりである。

図表6-8 人材版伊藤レポートで示した「変革の方向性」

● 3つの視点（Perspectives）
1. 経営戦略と人材戦略の連動
2. As is（現状）－ To be（あるべき姿）ギャップの定量把握
3. 企業文化への定着
● 5つの共通要素（Factors）
1. 動的な人材ポートフォリオ
2. 知・経験のダイバーシティ＆インクルージョン
3. リスキル・学び直し
4. 従業員エンゲージメント
5. 時間や場所にとらわれない働き方

〈取り組み事項〉
1. 経営戦略と人材戦略を連動させるための取り組み
2. 「As is - To be ギャップ」の定量把握のための取り組み
3. 企業文化への定着のための取り組み
4. 動的な人材ポートフォリオ計画の策定と運用
5. 知・経験のダイバーシティ＆インクルージョンのための取り組み
6. リスキル・学び直しのための取り組み
7. 従業員エンゲージメントを高めるための取り組み

(6) 変革を担う「SDGs ネイティブ」の育成

人的資本についても，SDGsをしっかり活用して作業を進めるべきだ。SDGs目標8「経済成長と雇用」，SDGs目標4「教育」に関連させて，社内が一丸となって取り組むSDGs教育が必要だ。取り巻く課題が複雑で難しいからこそ，日本ユネスコ国内委員会が前々から示している**図表6-9**のように，SDGs目標4の「質の高い教育」を真ん中に据え，社員みんなで学ぶことで，社会課題への感度の高い社員の「力量」を上げていく。

筆者は，「産官学」（産業・官界・大学）の全てを経験したが，SDGsの教育面での，世界に通用する羅針盤の有用性を改めて実感している。

特にターゲット4.7に含まれる「持続可能な開発のための教育」（ESD：Education for Sustainable Development）はかつて日本政府が提唱しユネスコ

図表 6 - 9　　日本ユネスコ国内委員会が示す SDGs 4

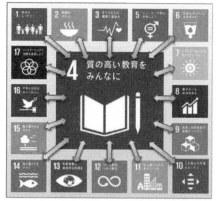

（出所）「ESD（持続可能な開発のための教育）推進の手引　平成30年 5 月改訂　平成28年 3 月初版
　　　文部科学省国際統括官付　日本ユネスコ国内委員会」より
　　　　　https://www.mext.go.jp/unesco/004/_icsFiles/afieldfile/2018/07/05/1405507_01_2.pdf（閲覧
　　　　　日：2023.7.20）.

を主導機関として国際的に取り組まれてきた，持続可能な社会の創り手を育む
教育だ。

　「人的資本経営」で，企業の人事政策，教育政策も大きく変わっていく。

　そこで必須なのは，ESG の開示要求項目が深化する中，サステナビリティ
を理解し SDGs を自在に使いこなす「SDGs ネイティブ」の育成・確保だ。リ
スキリングなどの充実が求められ，特に，最近の若者の変化に注目しつつ，
SDGs ネイティブの育成を急ぐという視点が必要だ。

5 ｜エシカル消費と SDGs

⑴　エシカルと消費者

　最近，「エシカル（ethical）○○○○」という言葉をよく見かけるように
なったと思う。フード，トラベルや，最近の話題はエシカルファッションだ。
ファッションが大量生産・大量消費の時代から環境や人権に配慮したものに移
行している。エシカルという言葉は，英国での「エシカル・コンシューマー」

というのが発祥のようだ。

この「エシカル」という言葉は，日本語では「倫理的」と訳されるが，この単語自体が頭に入りにくい。消費者基本計画では，倫理的消費は「地域の活性化や雇用なども含む，人や社会・環境に配慮した消費行動」と定義されている。

言葉が難しいので，かつて，消費者庁が「倫理的消費」調査研究会で「『倫理的消費』（エシカル消費）の趣旨が伝わる日本語表記案」の募集を行うという全国アンケート調査を行ったことがある[9]。調査結果が興味深い。寄せられた案には「思いやり消費」や「つながり消費」等が比較的多く，キーワードとしては「未来」，「優しい」，「社会」，「つながる」，「心」といった様々な言葉だった。

これを受け，1つの名称で言い換えることは難しいので，人，社会，環境，地域，動物に配慮した様々な消費活動の総称としての「エシカル消費」とし，テーマ，対象となる世代等に応じてふさわしい言葉を使い分けることが望ましい，との結論になった。

日本人の「腹に落ちやすい」表現は何なのかということを常に考えながら説明しないと重要な用語も上滑りになる，ということを改めて考えさせられる。

また，関連で「フェアトレード」という表現もある。これは，開発途上国の生産者と先進国の消費者を結び付けることで，より公正な取引を促進し，開発途上国の労働者の生活改善を目指すもので，エシカル消費につながるものだ。フェアトレードに関しては様々な認証の仕組みがあり，海のエコマークの魚やレインフォレストのコーヒーなどが代表例だ。

(2) 消費者庁が推進する「消費者志向経営」

この関連で，消費者庁は「消費者志向経営」を推進している。一定の要件のもとで自主宣言し，それを消費者庁から発信すると，ロゴマークが使える仕組みである。2023年1月末受付分で426事業者が宣言している。

消費者庁では，「消費者志向経営」（愛称：サステナブル経営）を推進し，その一環として，2018年度から「消費者志向経営優良事例表彰」を実施している（2021年度，2022年度に筆者も選考委員）。

最新の2022年度は，ユニ・チャーム株式会社が内閣府特命担当大臣表彰に選

定された。選考理由は，様々な立場の消費者の声を商品開発に活かしているほか，消費者と共創して資源循環型社会の形成に取り組んでいることが挙げられている。この他，消費者庁長官表彰が 7 件選定された[10]。

(3)　SDGs 認知率の高まりでエシカル消費にチャンス到来

このようなエシカル消費またはサステナブル消費については，SDGs の認知度の高まりが追い風になる。前述の電通の「第 6 回 SDGs に関する生活者調査」（2023年）では認知度向上に加え，次のような興味深い「ファインディングス」を紹介している。

- SDGs の認知経路は「テレビ」（63.5%），「報道機関や情報機関の WEB・SNS・アプリ」（37.6%），「新聞」（23.8%）の順で多い。「SNS」（12.7%）から情報を得ている人が，男性10〜20代が多い。
- SDGs について，9 割弱（87.3%）がポジティブな印象を持っている。
- サステナビリティに関連する15のテーマ（電通 Team SDGs が，サステナビリティに関連するテーマを15個選出）について，認知度は「食品ロス」（92.6%），「ジェンダー平等」（90.2%），「再生可能エネルギー」（90.1%）が高く，理解度では「食品ロス」（35.9%），「再生可能エネルギー」（24.1%），「ジェンダー平等」（22.8%）が高い。
- 約 8 割（79.3%）の人が，SDGs に対して企業が積極的に取り組むと，良い印象が強くなる，好感度が上がるなどの影響があると回答。

消費者は，商品がどのような企業により提供されているかに気を使う傾向が強くなり「SDGs 経営」企業が優位に立つようになった。日本では SDGs の認知率の向上には時間がかかったが，ようやく理解が進み，うわべだけの訴求ではなく，内実が伴わなければいけなくなった。

SDGs は消費者も含め共通言語として機能しやすいので効果的な SDGs の使い方が必要だ。SDGs では目標12の「持続可能な消費と生産」で，消費する側の責任を果たせるように生産する側は何をすべきか，これがポイントだ。企業に求められるポイントは様々な関心を寄せる消費者に寄り添い，的確な情報を伝えることだ。

情報の伝え方やコミュニケーションの内容はESG投資家向けと基本は同じであるが，消費者に向けてわかりやすい方法を模索する必要がある。その場合，個別の商品やサービスの内容のみならず，企業としてどのような志（パーパス）で経営しているかを伝えることは効果が高い。そのような企業を応援したいという，共感を呼ぶコミュニケーションがポイントだ。そのためには的確な「ストーリーテリング」が求められよう。そして情報内容には常にアカウンタビリティ（説明責任）を果たしていくべきだ。

6 | 発信型三方良しのSDGs Version

(1) ESG/SDGs関連の「アルファベット・スープ」状態とは

　カーボンニュートラルをはじめESG課題の対応で，乗り越えていかねばならないのが，「アルファベット・スープ」状態の複雑さだ。「アルファベット・スープ（alphabet soup）」とは，頭字語や略語が多いことを表す英語の比喩表現。アルファベットの形をしたパスタ（アルファベット・パスタ）を煮込んだ同名の料理になぞらえたものだという。

　特に，企業のサステナビリティ情報の開示に関する基準やフレームワークが多数存在しているのは，まさにこの状態だ。「アルファベット・スープ」の味わい方にはコツがいる。やはり基本としては，日本語にする前に略語の原典を英語でとらえておく必要がある。

　例えば，GRI，IIRC，SASB，CDSB，CDPは，いずれも企業の気候変動などの開示ルールを策定している機関だ。

- GRI（Global Reporting Initiative：グローバル・レポーティング・イニシアティブ）
- IIRC（International Integrated Reporting Council：国際統合報告評議会）
- SASB（Sustainability Accounting Standards Board：サステナビリティ会計基準審議会）
- CDSB（Climate Disclosure Standards Board：気候変動開示基準委員会）
- CDP（Carbon Disclosure Projectが正式名称であったが，現在は，炭素

（カーボン）以外にも水セキュリティ，フォレストも対象になったことから，略称のCDPを正式名称としている）

この5つの団体が協働し始めた。2020年9月には，「包括的な企業報告」の実現を目指す共同声明を発表，12月には気候変動関連の財務開示基準のプロトタイプを公表。これはTCFDの開示項目を参照したものとなっている。

⑵　「乱立」から「収束」へ：注目されるISSB

さらにこれらの団体を統合する動きが出た。2021年11月には，国際会計基準（IFRS：International Financial Reporting Standards）の策定を担うIFRS財団が，サステナビリティ情報開示について，上記の団体のうちIIRC，SASB，CDSBを統合し，新たに「国際サステナビリティ基準審議会」（ISSB：International Sustainability Standards Board）を設立した。

このように国際的な動きが「乱立から収束に」向かう流れが見えてきた中で，日本でも公益財団法人財務会計基準機構が，2022年7月1日に当財団内に「サステナビリティ基準委員会（SSBJ）」を設立した。

今後，気候変動のTCFDを基礎としつつ，企業による情報開示のあり方についてのルール化が内外で刻々と進むので，企業経営者やビジネスパーソンはよく注視していく必要がある。

⑶　「発信型三方良し」のSDGs Version

このように外来の概念が氾濫する中で，日本企業はどう対処すべきであろうか。長寿企業も多い日本では，「腹に落ちる」考え方で，外来の概念もよく理解し，日本に合ったやり方を見出す必要がある。本書では，競争戦略の権威であるポーターらが示した，自社の利益と社会価値の同時実現を目指すCSVという競争戦略を「進化型CSV」に改造する案を示した。

これを考えてみるに，日本では，現在の滋賀県の近江商人の経営理念である「三方良し」（自分良し，相手良し，世間良し）のように，もともとあった考えだ。CSVと似ているが，実は，重要な違いがある。滋賀県彦根市にある「三方よし研究所」に行った際，三方良しの古文書などの展示と並んで，同様に心

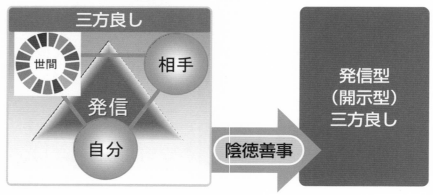

図表 6 -10　発信型三方良しの SDGs Version

（出所）　筆者作成．SDGs 図版は国連広報局

得とされる「陰徳善事」という言葉に目が留まった。

　これは，「人知れず社会に貢献しても，わかる人にはわかる」という意味だ。日本人の美徳であるが，日本企業を内弁慶的にしているのはこの考えの影響であろう。今は，「わかる人にはわかる」といった空気を読む方法は世代の違いで日本国内でも通用しない。ましてやあらゆることに「開示」の流れが来ている今のグローバルには対処できない。何より，発信しないと相手に気づきを与えられず，イノベーションにつながらないことが大きな課題だ。

　そこで筆者はこれを補正した「発信型三方良し」を提唱してきた。今の「世間」は SDGs であると考え，「発信型三方良しの SDGs Version」を新たな経営戦略として提唱したい（図表 6 -10）。発信ツールが「笹谷マトリックス」だ。これが企業にとって日本型の共通価値創造戦略となるであろう。ぜひ，実践し企業価値向上と社員モチベーション向上につなげていただきたい。

　「発信型三方良しの SDGs Version」の推進のためには，今後は効果的な発信方法も工夫する必要がある。ウィズ・コロナ時代に入り，イベント・メディア業界でもリアル，リアルとオンラインの組み合わせなど様々に工夫を重ねている。

　今は企業が志（パーパス）を持って「サステナブル・ブランド」を構築することが重要である。その発信の場を提供しているのが，株式会社博展（田口徳

久社長）が事務局を担う「サステナブル・ブランド（SB）国際会議」（事務局責任者：鈴木紳介氏）だ。同社は，イベント・マーケティング企業として人と人とが出会う「場」とそこで生み出される「体験」を通じてブランド価値を上げる「Experience マーケティング」を提唱している。これまで東京と横浜で実施し，2024年2月には国内8回目となる開催が東京で予定されている。セッションでは SDGs も定番で，自由演技の SDGs にとって，質の高い発信場所である。

また，この会議とタイアップした「未来まちづくりフォーラム」もある。筆者が実行委員長を務め，地方創生ビジネスに熱心な企業や関係者からなる実行委員会が主催，2019年3月に第1回，その後毎年実施されている。このフォーラムでは，未来まちづくり SDGs 宣言を策定している。内閣府，総務省，文部科学省，厚生労働省，農林水産省，経済産業省，国土交通省，環境省の8府省に加え，全国知事会，全国市長会，全国町村会からも後援をいただいて実施してきた。2024年2月に第6回を東京で実施することが決定している。

今後は日本企業も発信力を深めて様々な関係者と交流し，「進化型 CSV に基づく SDGs 経営」に磨きをかける段階に入った。

(4)　大阪・関西万博　EXPO for SDGs に向けた飛躍を

また，日本企業として世界に発信する絶好の機会も用意された。

大阪・関西万博は，2025年4月13日から2025年10月13日まで，大阪府大阪市夢洲地区で開催される。実施主体は，公益社団法人2025年日本国際博覧会協会（以下「万博協会」）だ。想定入場者数は約2,820万人である（大阪・関西万博基本計画，2020年12月，万博協会）。

基本計画でのテーマは「いのち輝く未来社会のデザイン」，コンセプトは「People's Living Lab（未来社会の実験場）」とした。また，SDGs との関連では，次のとおり記されている。

> SDGs への取り組みは，世界共通の課題の解決を目指すものであり，本万博を開催する意義である。
> SDGs の本質は，いのちを起点に様々な課題を紡いでいく試みである。

> これは，一人一人のいのちが輝くとともに，世界が，自然界が持続可能である
> ことを望み，未来を共に創る営みである。

　万博の運営・調達にあたっては，持続可能性が基本だ。イベントサステナビ
リティの規格で，2012年のロンドン夏季オリンピックで始まった「ISO20121」
の認証も視野に置いている。また，各種の調達コードも策定される。

　開催地の大阪府・大阪市はともに2020年度にSDGs未来都市に選定されてい
る。大阪府と大阪市は「2025年大阪・関西万博をインパクトとした『SDGs先
進都市』の実現に向けて」を共同提案し，SDGs自治体モデル事業にも選定さ
れた。2019年に行われたG20大阪サミットで共有された「大阪ブルー・オー
シャン・ビジョン」の実現に向け，世界を先導する取り組みを行っていく。

　また，大阪市は，政府が進める「スーパーシティ」の第一弾につくば市とと
もに選ばれた（2022年3月，スーパーシティ型国家戦略特区の区域に指定）。
スーパーシティは，複数分野の先端的サービスの提供と大胆な規制改革等に
よって，世界に先駆けて未来の生活を実現する「まるごと未来都市」だ。

　万博の実施主体である万博協会は，「EXPO for SDGs」を掲げる。SDGs達
成の目標年である2030年まで残り5年となる2025年は，取り組みを加速するた
めに重要な年だ。2025年に開催される大阪・関西万博は，SDGsを2030年まで
に達成するためのプラットフォームになるとされている。

　忘れてはいけないが，「万博」は万国博覧会であり，「オール・ニッポン」で
取り組むべき課題だ。世界が集まる場であるのに，ともすれば大阪・関西とい
う冠に影響されて，ローカルなイベントのようなニュアンスで捉える向きが多
いようだ。多様性あふれる商都大阪で世界での万博SDGsの自由演技化に加速
度がつくことが期待される。

　大阪・関西万博は，日本企業のSDGsの絶好の発信の場となる。2025年には，
かつての「太陽の塔」の時代とはまったく違う「SDGsレガシー」をつくり，
SDGsの目標年次，2030年に突き抜けて，世界に打って出るチャンスが到来す
る。このようなタイムラインも念頭に，ぜひ日本のSDGsの最前線を見せるべ
きだ。

　さらに，大阪では，カジノを含むIR（Integrated Resort：統合型リゾート

施設）について，政府は2023年4月，2029年の開業を目指すとした大阪府と大阪市の整備計画を認定した。IRは，国際会議場や展示場，ホテル，レストラン，ショッピングモール，エンターテインメント施設，カジノなどで構成される一群の施設で，民間事業者が一体的に設置し運営する。IRの整備計画が政府の認定を受けたのは初めてで施設などの整備が進められる。

　政府は，2025年の大阪・関西万博の開催後の関西圏の発展やわが国の成長に寄与するとともに，日本の魅力を世界に発信する観光拠点となることを期待している。

第6章のまとめ

○最近はSDGsをめぐる変化が激しくかつ加速度がついている。そこで，この章では，最新のESG関連情勢とSDGsの関連を扱い，さらなる応用につなげた。特に，新型コロナウイルスのパンデミック，カーボンニュートラルの本格化，ロシアのウクライナ侵攻という，世界の人々の健康と価値観，地球環境，国際ルールを激変させている事項に触れた。

○これらはすべてビジネスに幅広く大きな影響を及ぼしており，ESG投資のうねりにも関連している。また，ビジネスと人権，サプライチェーンマネジメント，人的資本経営などの最新のトピックスにも波及する。

○世界共通の羅針盤であるSDGsを使う経営を学んだビジネスパーソンは，これらの理解に大きな優位性を発揮できる。なぜなら，SDGsが人の未来志向と変革志向を養成するからだ。

○ESGとSDGsの違いの正確な把握が重要である。ESGは主として投資への対応で経営者マター，これに対しSDGsは経営力と社員力の強化に効果が出る。
　課題が複雑で難しいからこそ，SDGs目標4の「質の高い教育」で，社員みんなで学ぶことで，社会課題の感度の高い社員力・組織力をつけていく時期である。

○そこで，「発信型三方良しのSDGs Version」を新たな経営戦略として提唱したい。

○2025年の大阪・関西万博は，日本企業のSDGsの絶好の発信の場となる。かつての「太陽の塔」の時代とはまったく違う「SDGsレガシー」をつくり，SDGsの目標年次である2030年に突き抜けて，世界に打って出るチャンスが

到来する。

1　Forbes Japan Web，PwC Japan グループ木村浩一郎代表への著者によるインタビュー
https://forbesjapan.com/articles/detail/62386（閲覧日：2023.4.20）.

2　https://www.pwc.com/jp/ja/press-room/ceo-survey2023.html（閲覧日：2023.4.20）.

3　1位フィンランド，2位スウェーデン，3位デンマーク，4位ドイツ，5位オーストリア，6位フランス，7位ノルウェー，8位チェコ，9位ポーランド，10位エストニア，11位英国，12位クロアチア，13位スロベニア，14位ラトビア，15位スイス，16位スペイン，17位アイルランド，18位ポルトガル，19位ベルギー，20位オランダ
https://dashboards.sdgindex.org/（閲覧日：2023.7.20）.

4　https://www.env.go.jp/earth/ondanka/supply_chain/gvc/estimate.html（閲覧日：2023.4.20）.

5　https://www.meti.go.jp/shingikai/sankoshin/shin_kijiku/pdf/20220613_1.pdf（閲覧日：2023.4.20）.

6　https://www.meti.go.jp/press/2023/04/20230404002/20230404002-1.pdf（閲覧日：2023.4.20）.

7　https://www.integratedreporting.org/resource/sdgs-integrated-thinking-and-the-integrated-report/（閲覧日：2023.7.20）.

8　経済産業省「人材版伊藤レポート2.0」
https://www.meti.go.jp/press/2022/05/20220513001/20220513001.html（閲覧日：2023.4.20）.

9　「倫理的消費」調査研究会取りまとめ〜あなたの消費が世界の未来を変える〜平成29年4月「倫理的消費」調査研究会
https://www.caa.go.jp/policies/policy/consumer_education/consumer_education/ethical_study_group/pdf/region_index13_170419_0002.pdf（閲覧日：2023.4.20）.

10　https://www.caa.go.jp/policies/policy/consumer_partnerships/consumer_oriented_management/propulsion_organization/（閲覧日：2023.7.20）.

第7章

SDGs 経営の支援ツールの展望

1 │ 新たな競争戦略としての「進化型 CSV に基づく SDGs 経営」

　本書では，企業の環境・社会・統治（ESG）配慮行動と SDGs との関係性について効果的に社内外に発信する方法を探求し，それによりこれまでの弱点を補強した進化型 CSV を推進する方策を探った。この進化型 CSV に基づき事業を通じて社会課題に取り組み，企業価値の向上と社員モチベーションの向上という SDGs の効果を享受できるような企業経営を「SDGs 経営」と定義した。

　つまり，本書の目的は，進化型 CSV を提案し，それに基づく SDGs 経営の方法論を開発することであった。さらにその効果を強めるため，ESG と SDGs の関係性を的確に示す「ESG/SDGs マトリックス」を考案し，SDGs 経営の支援ツールたりうるかを検証した。

　進化型 CSV とマトリックスは SDGs を活用するので，普遍性・包摂性・参画性・統合性・透明性という SDGs の 5 つの原則の効果が期待できる。事例分析から浮き彫りになったが，SDGs 活用の効果として，SDGs を経営に実装するとベストプラクティスを水平展開させていく力，「普遍性」が特に効果が大きいと筆者は考える。

　本書では，まず，SDGs 活用により社会課題の明確化とメソッド面・発信面での強化を図ることで従来型 CSV の弱点が補強された CSV（進化型 CSV）を実現するための要素を抽出した。次に，この進化型 CSV を加速し，ESG と SDGs の関係性を発信する「ESG/SDGs マトリックス」を SDGs 経営支援ツールとして示した。

　この支援ツールの有効性を実証するため，5 要素と SDGs 活用前後の比較か

らなる分析枠組みを提示した。この分析枠組みを使い，日本企業を対象に実証的に検証した結果，5要素により企業が取り組もうとする社会課題がSDGs活用により社内・社外ともに明確化されることを通じて進化型CSVが日本企業により実現されていることが実証された。

また，ESG/SDGsマトリックスを活用することでESG投資家やSDGsへの要請に応えることができ，企業価値向上と社員モチベーション向上というSDGsの効果を享受し競争力強化につながることも検証できた。ESG/SDGsマトリックスは，三方良しのような伝統はあるものの国際的に見て発信性が弱かった日本企業にとっては発信面でも有効なツールとなっている。

以上から，本書で提案した，進化型CSVとそれを加速するSDGs経営の支援ツールとしての「ESG/SDGsマトリックス」は日本企業にとっての新たな競争戦略として有効であると結論付けたい。

2 | 企業SDGsの要諦

SDGsが「経営マター」になったと述べ，経営に実装するステップも説明した。ここで，企業経営者やビジネスパーソンとしてどう対処すべきか留意点を確認しておきたい。

SDGs目標のカバー範囲はきわめて広い。企業統治や環境課題への対応のみならず，働き方改革，採用，ブランディング，人的資本，地域社会など幅広くカバーしている。SDGsに関心の高いミレニアル世代やZ世代の消費者への対応やグローバルなリスク管理にも必須だ。まさに，SDGsは経営要素のすべてに絡むので，社内全部署に関連し，経営トップも重大な関心を寄せる経営マターになったのである。

SDGsは世界でグローバル企業がけん引する中で，これを活用しなければ国際入札をはじめ世界市場で蚊帳の外に置かれていく。

そこで，企業では自社の事業についてSDGsの17目標だけでなく169のターゲットレベルまで当てはめるとともに，SDGsの17目標の相互関係を意識する必要がある。SDGsマークやバッジのレベルでは期待した効果が出ない。

「SDGs経営」とは，社内共通認識の醸成，重点事項の選定，目標設定と進

行管理，経営戦略の構築，発信等のすべての経営プロセスに世界の共通言語 SDGs を使う経営だ。外には企業価値を高め国際的競争に打ち勝ち，内には社会課題解決型のイノベーションと社内モチベーション向上につながる効果がある。SDGs を盛り込んだ国連の2030アジェンダの文書の題名に「我々の世界を変革する」とある通り，SDGs の実践は社内外に変革をもたらす。

　SDGs では，もう 1 点重要なことがある。SDGs は自主的な取り組みが基本である。地球規模の危機的状況に向けて，やれる人がやれるところからすぐにも着手しようというルールである。このルールは怖い。どんどん差がつくからだ。ぼーっとしていれば置いていかれる。日本が欧米に置いていかれる，日本国内でも SDGs 仲間から置いていかれる。ルールが変わったのである。横並び思考や「護送船団行政」の残影から抜け出して，すぐにも自社は何をすべきか考えなければいけない。

　SDGs 策定からすでに 7 年も経ち2030年までの折り返し点だ。一刻も早く「解読作業」を終えて SDGs 経営の実践に着手すべきだ。日本企業は SDGs の解読を終えれば，すぐに「規定演技」に対応できる。そのうえで，SDGs 経営の「自由演技」を進めていけるポテンシャルの高い日本企業は多い。その結果，SDGs の17目標では足りない部分を発見しそれを補完して，日本発で新たな目標の提案につなげていくこともあっていいのではないか。SDGs についてピクトグラムを並べたよく見る図版では「18番」の部分が空いている。その18番目の目標を提案していくのである。

　筆者は，よく，18番目の色は小宮山宏氏（第28代東京大学総長，三菱総合研究所理事長）の提唱する生活や社会システムの質を追求する「プラチナ社会」[1]にちなんだ，プラチナ色であろうか，と言っている。

3 ｜SDGs 経営のステップアップ・モデル（SDGs1.0, SDGs2.0, SDGs3.0）

(1) SDGs 経営と ESG/SDGs マトリックスの進化のプロセス

　SDGs 経営は，企業の規模を問わず，それぞれの戦略に応じて発展していく

	SDGs1.0 立上期 SDGs の経営実装開始	SDGs2.0 行動変容期 社内浸透・多様な活用	SDGs3.0 変革期 成果発揮・業績への好影響
主な活動	✓ SDGs の経営への当てはめ：SDGs マトリクスを169ターゲットレベルで付番 ✓ 社内の責任体制も構築 ✓ 経営層の理解浸透	✓ 社内浸透，意識改革の促進 ✓ 商品開発力や社内のセクショナリズム緩和，人的資本の重視につながるなど行動に変容が現れる ✓ 社員の「Well-being」とつながりだす	✓ SDGs を軸としてベストプラクティスの水平展開をグループ内やサプライチェーンに実施 ✓ 「アウトサイド・イン」（社会課題解決起点）のアプローチや「バックキャスティング」の思考などが社内に定着
期待効果	✓ 機会／リスク回避状況の両面で社内外に見える化 ✓ 開示課題に対し的確に体系づけて効果的な対処	✓ 投資家をはじめ関係者への訴求力増 ✓ 社外評価の高まりで良好なアライアンスや連携の輪も広がる ✓ 企業価値が上がることを実感し始める	✓ 社会課題に対処しつつ競争力を発揮 ✓ 社外からの評価が上がり SDGs の視認性の高さも生かすことで，多くのステークホルダー，世界からの評価を得る

（出所）　筆者作成

が，筆者のこれまでの経験から見るとモデル的な経営の進化は次のようなものだと考えている（**図表 7-1**）。

　①SDGs を経営に実装するには，まずは SDGs の当てはめである「規定演技」を終えて，そのうえで経営上の重要事項を選び「自由演技」ができる段階に持っていく。このため，ESG/SDGs マトリックスを，できればターゲットレベルで完成させ，社内の責任体制も構築する。これによって社内外に企業の SDGs 体系が，チャンス面のみならずリスク回避面でも「見える化」する。特に，最新のカーボンニュートラルなどの課題や開示をめぐる「アルファベット・スープ」状態に対しても的確にこの体系に位置づけて対処できる。これが「SDGs1.0」だ。

　②次に，SDGs の体系が「見える化」した結果，社内でも意識改革が進み，商品開発力や社内のセクショナリズム打破，人的資本の重視につながるなど効

果が出て，社会や社員の「ウェルビーイング」につながるような「自由演技」が生まれる。それを，SDGsを使って発信することで投資家をはじめとする関係者への訴求力が増し，社外の評価も高まり良好なアライアンスや連携の輪も広がる。そして企業価値が上がることを実感し始める。これが「SDGs2.0」と呼べるだろう。

③さらに，SDGsの「普遍性」の原則により，ベストプラクティスの水平展開がグループ内やサプライチェーンにも広がる。SDGsが期待する「アウトサイドイン」（社会課題起点で事業を考えること）のアプローチや「バックキャスティング」の思考などがしっかり社内に定着することで，「自由演技」に磨きがかかり社会課題に対処しつつ競争力を発揮できる。「自由演技」に対する社外からの評価が上がりSDGsの視認性の高さも生かすことで，多くのステークホルダーから，そして世界からも評価される。これが「SDGs3.0」であろう。

2015年にSDGsができた直後から実装を終えて，すでにSDGs3.0になっている海外企業や世界に通用する日本企業が出始めている。自社がどの段階かを考えて，本書も参考にステップアップしてほしい。日本では，まだSDGs1.0を終えていない企業も多いので，一刻も早くSDGs1.0のスタンバイの段階に入ってもらいたい。

(2)　最新課題への笹谷マトリックスのフル活用

次々に新課題が生まれ，企業はそれへの対応に追われる。

それに対して，これらを「笹谷マトリックス」に当てはめてみてほしい。そうすれば既存の非財務情報整理のどこに該当するかが一目瞭然になるので，経営の羅針盤としてフル活用いただきたい。

例えば，最近の課題である，サプライチェーンと人権，人的資本経営，カーボンニュートラルなどは**図表7-2**に示した各枠のように整理できる。このマトリックスに責任部署を記入することで体制整備の必要性もわかり，社内の連携体制強化にもつながる。

ESG	ISO26000 （7つの中核主題）		具体的対策（例）
G	組織統治		コーポレート・ガバナンス
			リスク管理・内部統制
S	公正な事業慣行		コンプライアンス
	人権		サプライチェーンと人権
	労働慣行		「人的資本経営」関連事項
	消費者課題 （BtoB の場合は取引先への責任）		「消費者志向経営」
	コミュニティ課題		地域社会との協働
E	環境		カーボンニュートラル

（出所）　筆者作成

4 | SDGs で「協創力」を発揮

　本書で述べた，進化型 CSV に基づく SDGs 経営と ESG/SDGs マトリックス活用の効果を整理すると次の3点になる（**図表7-3**）。

① 　持続可能性の共通言語である SDGs を使うので，協働のプラットフォームの強化とイノベーションにつながる＝「協」。

② 　SDGs によりチャンスをつかみつつリスク管理も強化できるので，進化型 CSV により価値創造につなぐことができる＝「創」。

③ 　そして，SDGs の世界への強い発信性と ESG/SDGs マトリックスの活用により ESG 投資家をはじめとするステークホルダーの関心に応える力をつけることができる＝「力」。

　SDGs 経営は，この「協」「創」「力」の3点で，協働で新たな価値を生む「協創力」が発揮できる。

　以上のとおり，進化型 CSV に基づく SDGs 経営は，持続的な企業価値の向

笹谷マトリックスの応用

	SDGs17目標																	担当部署
1	2	3	4	5	6	7	8	9	10	11	12	13	14	15	16	17	
																●		経営企画部，法務部
																●		内部統制室
																●		
	●						●				●				●	●		事業関係部署
			●	●												●		人事・経営企画
											●						●	関連部署
	●	●	●							●							●	工場所在地など
			●			●		●			●	●		●				環境部
1	2	3	4	5	6	7	8	9	10	11	12	13	14	15	16	17		

上と社員モチベーションの向上を図るための新たな競争戦略となりうるものであると結論付けたい。

図表7-3　SDGs経営と「協創力」

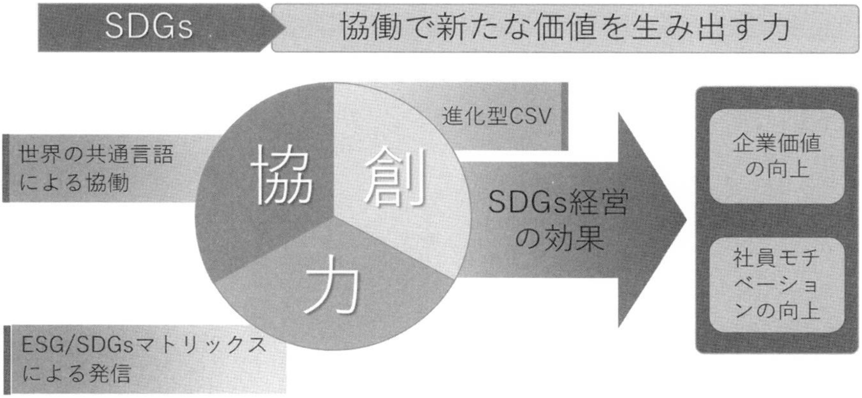

（出所）　筆者作成

5 | 今後の展望と課題

　今後の展望としては，「笹谷マトリックス」をフル活用するSDGs経営をモデル化していく必要がある。特に，経済産業省のSDGs経営ガイドによるSDGs経営の日本企業への普及が進行中であり，SDGs経営の支援ツールとしてのESG/SDGsマトリックスがSDGs経営の普及にも役立つことを期待したい。

　産業界では関係者への波及力の大きいプラットフォームを形成する企業（自動車企業，大手流通，大手建設業，金融業など）がSDGs経営を進化させている。また，「EXPO for SDGs」を掲げる2025年の大阪・関西万博は，ウィズ・コロナの「ニュー・ノーマル」を体現する新たな価値観と日本のSDGsモデルを世界に示すことができる。

　日本のSDGs経営企業は，SDGs経営の効果と成果を世界に示していくチャンスに対処できる。筆者としては，このタイムライン（**図表7-4**）も念頭に置き，SDGs経営への効果的な支援ツールを示すことができたと思う。

　今後に残された課題として，ESG/SDGsマトリックスに関してより数値的

図表7-4　SDGsをめぐるタイムライン

（出所）　筆者作成

な指標が求められる中で，SDGs の232の指標も使って各企業がどのような指標を設定していくべきかという論点がある。また，カーボンニュートラルや人的資本経営といったさらなる ESG 課題解決に向けて，SDGs をより深く活用する方法も重要である。これらは今後の課題としたい。

【注】

1　https://www.mri.co.jp/service/research-on-the-platinum-society.html（閲覧日：2023. 4.20）.

終わりに

　本書を通じて読者の皆様とSDGsについて考えてきたが，変化の中での本質の見極めの難しさを改めて感じる。次から次へと外国発のルールが持ち込まれる「アルファベット・スープ時代」に，少し冷静になるために，松尾芭蕉の次の言葉の意味を考えてみたい。

　「不易流行（ふえきりゅうこう）」。

　これは，芭蕉の俳論といわれ，「不易を知らざれば基立ちがたく，流行を知らざれば風新たならず」（『去来抄』）というもので奥が深い。

　要するに，「不易」は，いつまでも変わらないこと，「流行」は，時代に応じて変化することで，この2つをよく見極めよ，ということだ。変化しない本質的なものをよく見極める一方で，新しい変化も取り入れていく。

　だから，外国人が認めたものは何でも良いとか，外国人が買うから生産するとか，そういうものではないであろう。「良いものは残る」。突き詰めればそういうことだ。むしろ，良いものを見つけるきっかけとしてSDGsなどを使うということだ。そのためには，SDGs国別ランキングのところで述べたように，海外からの評価をよく分析する必要がある。

　そして，日本企業では発信力と社員の「気付き」がSDGs活用の要諦だ。本書で日本人特有の問題としてコミュニケーション力の弱さを指摘した。日本では気付かずに良いことが多く起こっている。しかし今や，「気付かない」ことが問題なのだ。

　「空気を読め」「自然体に物事を運べ」「俺の目を見ろ」といったような同質社会特有のメンタリティはもはや日本人同士の間でも通用しない。今や日本もダイバーシティとインクルージョンの時代に入った。この時代に重要なことは，コミュニケーションとそれによる「気付き」である。気付くか気付かないかが勝負を分ける。的確に発信するため，「発信型三方良し」のSDGs版の実践方法も示したが，世界共通言語のSDGsが気付きのための羅針盤になりうる。

　もう一点重要なことが，SDGsのいわば「各論」と「総論」の使い分けだ。

現在，日本でもSDGsの認知度が上がり各論が浸透した。これは歓迎すべきことだが，各論に落とし込むと，SDGsのラベルをつけるだけで議論が深まらない。よく耳にするのは，「これはSDGs的である」「SDGs的でない」といった表現だ。SDGsをバッジやマークのレベルで使うとこうなる。

　これは大変もったいないことだ。SDGsの「妙味」は優れた体系にある。従って，各論に落とし込んだSDGsをもう一度SDGsの全体像と照らし合わせて，何か漏れや矛盾はないか，という総論的なチェックする。つまり，「各論をやり総論に戻る」「総論をやり各論に戻る」といった「スパイラル構造」で「2030アジェンダ」とSDGsを使うことが重要だ。

　ここでいう「総論」は体系的な思考であり，ルール・メイキングに必要な要素だ。これまで日本は弱かったかもしれない。脱炭素などで欧米，特に欧州がルール・メイキングを加速させている。その中で，今後日本が埋没してしまってはいけない。

　だからこそ，今後もルール・メイキングの基礎となる世界共通言語のSDGsの体系の妙味を理解する必要がある。この辺が日本と日本企業のSDGs活用の真価が問われるところだ。

　筆者は，これまでのSDGsに関する書籍等の執筆を通じ，SDGsはテーマ立てや想定読者層により様相が異なる「奥の深い」ものであると感じている。

　今回は，「企業の競争戦略とSDGs」の視点で体系的に整理した。これまでの著作等の修正・採録のみならず，筆者の令和2年度博士論文「新たな競争戦略としての『SDGs経営』のための方法論─SDGs活用によるCSV（共通価値創造）の進化─」（学位授与2020年11月14日，千葉商科大学）を大幅に加筆修正した部分も盛り込んで（第5章まで），SDGsに関する集大成を行った。

　本書が，SDGsを通じた，国際的な「不易流行」の見極めに役立つことを期待している。

2023年8月

千葉商科大学教授・サステナビリティ研究所長

笹谷秀光

謝　辞

　本書は，すべて筆者の個人的見解に基づくものであり，当然ながら，所属組織や関係組織の見解ではない。公開情報を基にしているが，本書で事例の対象とさせていただいた各社の関係者の皆様には，内容の確認などでいろいろご協力をいただいた。ご尊名は省略させていただくが，心より感謝申し上げたい。事例の解釈もすべて筆者の個人としての見解である。

　本書は，通信教育講座「未来につなぐSDGs入門」（JTEX職業訓練法人日本技能教育開発センター）のテキストを含む筆者のこれまでの著作・論文のほか，『環境新聞』（環境新聞社）のコラム，時事通信社のデジタル農業情報誌『Agrio』，サステナビリティをテーマとしたビジネス情報誌『オルタナ』サイトのコラム，『Forbes JAPAN Web』の連載や『東洋経済』など雑誌への投稿記事も加工・活用している。

　資料収集などでご協力いただいたJFEスチール株式会社・伊藤園OBで筆者の友人である内野和博氏及び出版についてアドバイスをいただいた産業能率大学教授・平田譲二氏，そして，本書の出版・編集の労を取っていただいた，株式会社中央経済社学術書編集部浜田匡氏に感謝申し上げたい。

　あわせて，基礎となった博士論文のご指導をいただいた千葉商科大学の原科幸彦学長，橋本隆子副学長，寺野隆雄副学長，小栗幸夫客員教授，安藤崇准教授の各先生方に改めて感謝申し上げたい。

笹谷秀光

《参考文献》

赤池学，水上武彦（2013）．『CSV 経営—社会的課題の解決と事業を両立する』．NTT 出版，
　　p. 247.

一般財団法人企業活力研究所（2014）．「企業の社会的責任に関する国際規格の適切な活用の
　　あり方についての調査研究報告書」

井之上喬（2015）．『パブリックリレーションズ 第 2 版 戦略広報を実現するリレーション
　　シップマネージメント』．日本評論社，p. 334.

大塚祐一（2018）．「CSV（共通価値創造）の徳倫理学的基礎—企業倫理学における規範論と
　　実践の接点を求めて—」．麗澤大学大学院 経済研究科経済学・経営学専攻論文．
　　https://reitaku.repo.nii.ac.jp/?action=pages_view_main&active_action=repository_
　　view_main_item_detail&item_id=1172&item_no=1&page_id=13&block_id=29，（閲覧
　　日：2023.4.20）.

岡田正大（2012）．「戦略理論の体系と「共通価値」概念がもたらす理論的影響について」
　　『慶應経営論集』，Vol. 29，No. 1，pp. 121-139.

沖大幹，小野田真二，黒田かをり，笹谷秀光，佐藤真久，吉田哲郎，事業構想大学院大学出
　　版部（編）（2018）．『SDGs の基礎』．宣伝会議，p. 180.

沖大幹（2018）．「SDGs と学術，科学技術」『学術の動向』，Vol. 23，No. 1，pp. 16-19.

黒木康成（2013）．「Michael E. Porter による CSV 提唱の歴史的背景」『経営学研究論集』，
　　明治大学大学院，No. 40，pp. 1-15.

近藤久美子（2017）．『CSV 経営と SDGs 政策の両立事例—"共通価値の創出"パターンと
　　更る"社会的包摂"への提案』．ナカニシヤ出版，p. 112.

笹谷秀光（2013）．『CSR 新時代の競争戦略—ISO26000 活用術』．日本評論社，p. 226.

笹谷秀光（2015）．『協創力が稼ぐ時代—ビジネス志向の日本創生・地方創生』ウィズワーク
　　ス社

笹谷秀光（2018）．「ESG 時代における SDGs 活用の競争戦略」『月刊資本市場』，No. 392，
　　pp. 4-14.

笹谷秀光（2019a）．「持続可能性新時代におけるグローバル競争戦略—SDGs 活用による新
　　たな価値創造—」第70回全国能率大会懸賞論文．
　　https://www.zen-noh-ren.or.jp/conference/article-list/#year（閲覧日：2023.4.20）.

笹谷秀光（2019b）．「「SDGs 経営」の 5 要素と発信のための SDGs 対応マトリックスの開
　　発」『千葉商科大学 PSR』，No. 47，pp. 31-41.

笹谷秀光（2019c）．『Q&A　SDGs 経営』，日本経済新聞出版社，p. 288.

笹谷秀光（2019d）．「ISO26000 活用の ESG/SDGs マトリックスによる非財務情報発信の効
　　果検証—新たなサステナビリティ・マネジメントへの提言—」『グローバルビジネス

ジャーナル』，5巻1号，pp. 25-35.

笹谷秀光（2020a）．「SDGsとISO26000の関連性に関する一考察—SDGsを活用した新たな
　　サステナビリティ・マネジメント体系のために—」『日本経営倫理学会誌』，No. 27,
　　pp. 321-330.

笹谷秀光（2020b）．「SDGsを活用した新たな共通価値の創造（CSV）」『企業と社会フォー
　　ラム学会誌』，第9号，pp. 59-67.

笹谷秀光（2020c）．「企業経営における重要事項（マテリアリティ）特定におけるSDGsの
　　活用」『経営行動研究年報』，No. 29, pp. 116-120.

笹谷秀光（2020d）．『3ステップで学ぶ　自治体SDGs　全3巻』，ぎょうせい.

笹谷秀光（2022）．『Q&A　SDGs経営　増補改訂・最新版』，日本経済新聞出版社，p. 288.

笹谷秀光（2023）．通信教育講座『未来につなぐSDGs入門～動画解説付き～ビジネスパー
　　ソンの新常識』（テキスト執筆・JTEX職業訓練法人日本技能教育開発センター・2021,
　　2023改訂増補）.

佐藤憲正，中山健，百武仁志（2013）．「自由論題⑷日本企業の競争力とCSV」『経営学論集
　　第84集』，日本経営学会，pp. 1-12.

佐藤真久（編著），田代直幸（編著）ほか（2017）．『SDGsと環境教育—地球資源制約の視
　　座と持続可能な開発目標のための学び—』．学文社，p. 320.

高岡伸行，水村典弘（2013）．「国連ミレニアム目標達成に果たすビジネスの役割と課題」
　　『経済理論』，No. 374, pp. 37-38.

高岡伸行（2015）．「ポストMDGsとしてのSDGsへのCSRアプローチ：ISO26000のCSR
　　経営観の含意」『経済理論』，No. 381, pp. 103-125.

名和高司（2015）．『CSV経営戦略—本業での高収益と，社会の課題を同時に解決する』．東
　　洋経済新報社，p. 384.

名和高司（2016）．『成長企業の法則—世界トップ100社に見る21世紀型経営のセオリー』．
　　ディスカヴァー・トゥエンティワン，p. 464.

名和高司（2018）．『企業変革の教科書』．東洋経済新報社，p. 480.

福沢康弘（2017）．「中小企業におけるCSV実現に向けた一考察—ネットワークを媒介とし
　　たアプローチに関する検討」『開発論集』，No. 100, pp. 141-160.

水尾順一（2014）．『グローバルCSRを機軸としたCSVに関する一考察：ヤクルトを中心と
　　して，企業のサステナビリティ活動からの学習「特集 企業による地域経営圏の構築」
　　『経営教育研究』，Vol. 17, No. 1, pp. 29-45.

水尾順一（2018）．「日本における経営倫理の過去・現在・未来—その制度的枠組みと，
　　ECSRによる三方よし経営を考える—」『駿河台経済論集』，Vol. 27, No. 2, pp. 1-43.

三輪昭子（2018）．「CSRとISO26000の交差点を越えて—企業の社会的責任はどこへ行く—」
　　『愛知学泉大学現代マネジメント学部紀要』，Vol. 6, No. 2, pp. 17-28.

山﨑方義（2018）．「ソーシャル・コミュニケーションの観点によるSDGsへの取り組み」

『愛産大経営論叢』，愛知産業大学経営研究所，No. 21，pp. 1-10.

湯山智教（2019）．「ESG 投資のパフォーマンス評価を巡る現状と課題」『資本市場リサーチ』，
みずほ証券株式会社，日本投資環境研究所，2019年冬季第50号（特別号），pp. 85-112.

吉高まり（2018）．「企業経営としての SDGs～ESG の潮流から～」『月刊資本市場』，
No. 399，pp. 48-57.

Beschorner, Thomas and Hajduk, Thomas (2017). Creating Shared Value. A Fundamental
ritique. *Creating Shared Value - Concepts, Experience, Criticism,* pp. 27-37. Springer.

Carroll, A. B. (1979). A Three-Dimensional Conceptual Model of Corporate Performance.
Academy of Management Review, 4(4), pp. 497-505.

Chandler, A. D., Jr. (1962). *Strategy and Structure: Chapters in the History of the American
Industrial Enterprise.* M. I. T. Press, p. 480.（有賀裕子（訳）『組織は戦略に従う』（2004）．
ダイヤモンド社.）

Crane, Andrew, Palazzo, Guido, Spence, Laura. J. and Matten, Dirk (2014). Contesting the
Value of 'Creating Shared Value.' *California Management Review,* 56(2), pp. 130-153.

CRD (2016). Statement of Common Principles of Materiality of the Corporate Reporting
Dialogue. p. 8.
https://corporatereportingdialogue.com/wp-content/uploads/2016/03/Statement-of-
Common-Principles-of-Materiality.pdf，（閲覧日：2023.4.20）.

Denning, Steve (2011). Why Shared Value Can't Fix Capitalism. *Forbes,* Dec 20, 2011.

Donaldson, Thomas (2014). Shared Values that Are Lost in Translation. *Financial Times,*
April 23, 2014.
https://www.ft.com/content/bfdfff94-b34c-11e3-b09d-00144feabdc0，（閲覧日：2023.
4.20）

Friedman, Milton (1962). *Capitalism and Freedom.* The University of Chicago Press,
p. 234.（熊谷尚夫，西山千明，白井孝昌（訳）『資本主義と自由』（1975）．マグロウヒ
ル出版.）

GRI, UNGC, WBCSD (2015). SDG Compass.
https://sdgcompass.org/（閲覧日：2023.4.20）.
（GCNJ（グローバル・コンパクト・ネットワーク・ジャパン），地球環境戦略研究機関
（IGES）翻訳，日本語訳「SDG Compass SDGs の企業行動指針—SDGs を企業はどう
活用するか—」（2016））.
https://sdgcompass.org/wp-content/uploads/2016/04/SDG_Compass_Japanese.pdf,
（閲覧日：2023.4.20）

GSIA (2017). *2016 Global Sustainable Investment Review.* Global Sustainable Investment
Alliance, p. 31.

Hartman, Laura P. and Werhane, Patricia. H. (2013). Proposition: Shared Value as an

Incomplete Mental Model. *Business Ethics Journal Review,* 1(6), pp. 36-43.

ISO (2010). ISO26000：2010 Guidance on Social Responsibility. (日本規格協会 (2012). 『JIS Z 26000：2012 社会的責任に関する手引き』. 日本工業標準調査会審議, 日本規格 協会.)

ISO (2018). ISO26000 and SDGs
https://www.iso.org/files/live/sites/isoorg/files/store/en/PUB100401.pdf, （閲覧日： 2023.4.20).

nestle (2006)
https://www.nestle.com/sites/default/files/asset-library/documents/library/ documents/corporate_social_responsibility/concept-corp-social-responsibility- mar2006-en.pdf（閲覧日：2023.4.20)

Porter, M. E. and Kramer, M. R. (2002). The Competitive Advantage of Corporate Philanthropy. *Harvard Business Review,* 80(9), pp. 56-68.

Porter, M. E. and Kramer, M. R. (2006). Strategy and Society: The Link Between Competitive Advantage and Corporate Social Responsibility. *Harvard Business Review,* 84(12), pp. 78-92.

Porter, M. E. and Kramer, M. R. (2011). Creating Shared Value. *Harvard Business Review,* 89(1/2), pp. 62-77.

Porter, M. E. and Kramer, M. R. (2014). A Response to Andrew Crane et al.'s article by Micheal E. Porter and Mark R. Kramer. *California Management Review,* 56(2), pp. 149-151.

Rendtorff, Jacob Dahl (2017). Creating Shared Value as Institutionalization of Ethical Responsibilities of the Business Corporation as a Good Corporate Citizen in Society. *Creating Shared Value: Concepts, Experience, Criticism,* Springer, pp. 119-139.

United Nations (2015). Transforming our world: the 2030 agenda for sustainable development. 70th session of the United Nations General Assembly; 2015.9.25; NewYork. New York: UN; 2015 (Resolution A/RES/70/1).
http://www.un.org/ga/search/view_doc.asp?symbol=A/RES/70/1&Lang=E, （閲覧日： 2023.4.20).
（外務省「我々の世界を変革する：持続可能な開発のための2030アジェンダ（仮訳)」. https://www.mofa.go.jp/mofaj/files/000101402.pdf（閲覧日：2023.4.20).

索　引

〔著者紹介〕

笹谷秀光（ささや・ひでみつ）

千葉商科大学基盤教育機構・教授，サステナビリティ研究所長，博士（政策研究），ESG/SDGs コンサルタント
日本光電工業株式会社社外取締役

日本経営倫理学会理事，グローバルビジネス学会理事，サステナビリティ日本フォーラム理事，日本パブリックリレーションズ学会理事，宮崎県小林市「こばやし PR 大使」，未来まちづくりフォーラム実行委員長。

東京大学法学部卒業。1977年農林省（現農林水産省）入省。人事院研修で81〜83年フランス留学，外務省出向（87〜90年在米国日本大使館一等書記官）。2005年環境省大臣官房審議官，06年農林水産省大臣官房審議官，07年関東森林管理局長を経て，08年退官。同年株式会社伊藤園入社，取締役，常務執行役員を経て，19年4月退職。20年4月より千葉商科大学教授。全国通訳案内士（仏語・英語）。

主な著書（単著）
『CSR 新時代の競争戦略―ISO26000活用術』（日本評論社・2013）
『協創力が稼ぐ時代―ビジネス志向の日本創生・地方創生』（ウィズワークス社・2015）
『SDGs 見るだけノート』（監修・宝島社・2020）
『3ステップで学ぶ　自治体SDGs』全3巻（ぎょうせい・2020）
『大人も知らない⁉　SDGs なぜなにクイズ図鑑』（監修・宝島社・2021）
『イラスト図解で日本と世界がわかる！　親子で学ぶSDGs』（監修・日本文芸社・2022）
『まんがでわかる SDGs 経営』（監修・ウェッジ・2022）
『Q&A SDGs 経営 増補改訂・最新版』（日本経済新聞出版社・2019・改訂2022）
通信教育講座『未来につなぐ SDGs 入門〜動画解説付き〜ビジネスパーソンの新常識』（テキスト執筆・JTEX 職業訓練法人日本技能教育開発センター・2021）

その他，企業や自治体等でSDGsに関するコンサルタント，アドバイザー，講演・研修講師として，幅広く活躍中。

笹谷秀光・公式サイト―発信型三方良し―
　　https://csrsdg.com/
笹谷秀光の「SDGs」レポート・Facebook ページ
　　https://www.facebook.com/sasaya.machiten/

競争優位を実現する SDGs 経営

2023年11月1日　第1版第1刷発行

著　者　笹　谷　秀　光

発行者　山　本　　　継

発行所　㈱中　央　経　済　社

発売元　㈱中央経済グループ
　　　　パブリッシング

〒101-0051　東京都千代田区神田神保町1-35
電話　03（3293）3371（編集代表）
　　　03（3293）3381（営業代表）
https://www.chuokeizai.co.jp

©2023
Printed in Japan

印　刷／東光整版印刷㈱
製　本／㈲井上製本所

持続可能なまちづくり
データで見る豊かさ

馬奈木俊介・中村寛樹・松永千晶 ［著］

四六判／272頁
ISBN：978-4-502-29151-7

国連が示した「新国富指標」はGDP等の経済指標では測れない豊かさ，持続可能性を計測できる。本書は，この新国富指標を地域・地方に適用し，豊かなまちづくりを提言する。

◆本書の主な内容◆

中央経済社